| 股权合伙 | 股权激励 | 股权融资 | 股权上市 |

徐培杰 著

从创业到上市

CONG
CHUANGYE
DAO
SHANGSHI

公司股权设计和股权分配全案

干货技巧分享　知识面面俱到　为公司股权相关问题提供解决思路

破译公司股权设计和分配密码　为创业公司打造股权划分方案

中国法制出版社
CHINA LEGAL PUBLISHING HOUSE

序　言

国内大多数的企业和企业老板面临着这些问题：人才流失严重，有能力者出走“另立山头”，没能力者留下来陪老板一起扛（耗）；竞争公司人才聚集，而自己的公司却只有人在，没有人才，致使老板一腔热血和宏伟的计划无从落地；创业之初，几位合伙人齐心协力打天下，而今企业好不容易有所成，却要面临仇人式散伙；企业越做越大，老板越活越累，经理人和高管团队像没断奶的孩子，难以担当重任，老板变身为多面手、救火队长、业务员，哪里都离不开；公司经过高速增长后，进入一个滞胀期，管理问题丛生，业绩原地踏步，企业面临难以跨越的成长“瓶颈”；别的公司长期亏损，外部投资人却竞相给钱，自己的公司连年盈利，却融资困难，既没有投资人来雪中送炭，也没有金主给锦上添花；企业好不容易发展壮大了，求爷爷告奶奶之后也有外部资本或财团介入了，最终却发现竟然是“引狼入室”，企业曾经的主人被一步步架空，失去了公司控制权，甚至被淘汰出局……

上述问题，表面看各有所指，但归根结底都可视为企业利益和利益分配问题，它们有一个共同而唯一的源头——股权，即公司的所有权划分、归属和分配问题。

从宏观上讲，股权的历史伴随整个公司的历史。具体到每一家公司，股权问题则会伴随企业生命周期的每一个阶段。

公司，从初创第一天起，就会面临股权设计和股权分配的问题。当然，如果是个人独资公司，一人老板，个人百分百控股公司，以后也永远不考虑吸纳合伙人，不打算进行融资，不在内部搞股权激励，也不考虑公司未来上市的话，那么，确实没有太多必要去考虑股权问题。否则，股权设计和股权分配问题都是你无法绕过的一个重要命题。

股权设计和股权分配决定了企业的股权结构，股权结构对公司的长远发展至关重要。在投融资圈内，有这样一种看法：投资 = 投人 = 投股权结构，股权结构不合理，会导致内忧外患——内部合伙人之间会由于股权分配不合理而内讧，外部投资人也会因公司股权结构不合理而不敢介入，导致企业错失跨越发展的良机。

据相关数据显示，中国企业的平均生存周期极短，超过一半的企业存活期不到三年。当然，每一家企业的“死因”各不相同。但是，影响创业企业生死存亡的，一定包含股权设计和股权分配不合理的因素。而令人遗憾的是，企业股权架构设计和股权分配失败的案例数量似乎远超成功的案例数量。

股权设计和股权分配是公司的顶层设计，解决的是谁来投资公司、谁来拥有公司、谁来收益的问题，它会贯穿公司从初创到上市的全过程，只有借助合理的股权设计和股权分配，才能将公司创始人、合伙人、投资人、经理人、骨干员工的利益紧密捆绑在一起，形成真正意义上的利益共同体。

一家企业的创始人、合伙人，如果不懂得股权设计与股权分配，或意识不到股权的重要性，不会运用股权来管理企业，这绝对是个危险的信号。而懂股权的老板和创始人，则能够用股权吸引合伙人，留住人才，引来资本，进行产业整合，打造“控股帝国”。更高明的创始人，善做股权分配，以小博大，将企业盘子做大，而不失对企业的掌控权。例如，任正非以不到 2% 的股权掌握着年营收超千亿美元的华为；刘强东以不到 20% 的股权却掌握京东 80% 的话语权；BAT 的创始人李彦宏、马云、马化腾等股东（持股比例最高不超过 20%）也都通过双层股权结构、合伙人制度等股权设计，对公司有牢不可破的控制权。

从某种意义上讲，股权称得上是企业的最高命题，是企业每个发展阶段和关键节点都不可回避的核心问题。

CONTENTS

目 录

第一篇

股权合伙：合伙创业如何分配股权

第一章　公司制度与股权

1. 公司与股份

公司，是英文 Corporation、Company 的译词，为企业的组织形式。魏源在《海国图志》中为公司下的定义是："公司者，数十商辏资营运，出则通力合作，归则计本均分，其局大而联。"

通俗来讲，公司是指依法设立的，拥有独立的法人财产，以营利为目的的企业法人。

公司作为迄今为止最有效的经济组织形式，它的出现被称之为"人类的成就"，极大地推动了人类社会的发展进程。公司的伟大之处在于，它以严密的企业组织的形式凝聚了不同的生命个体，使公司迸发出远超任何个人的能量和经济动力；它使得不具备血缘、地缘关系的陌生人之间都有了紧密合作、创造经济奇迹的可能。

《公司的力量》一书指出："公司实现了人类经济生活的一个新篇章。经过几个世纪的演变，公司已不仅仅是一个经济性组织，而已经成为介于国家和个人之间，在各个领域都极具影响力和支配力的社会性组织：促进自由公平的竞争、建立和完善法治社会、推动科学技术的进步、提高社会的文明程度、改变人们的生活方式和彼此间的关系、改变国与国之间合作与竞争的方式……"[①]

时至今日，一些大型跨国公司所创造和拥有的财富足以和国家的财富相匹

① 《公司的力量》节目组：《公司的力量》，山西教育出版社 2010 年版。

敌，甚至有过之而无不及。

2017 年 9 月，新华财经综合彭博（Bloomberg）、世界银行（World Bank）、国际货币基金组织（IMF）等提供的数据，在香港发布了 2017 年全球 500 经济体排名，其中 224 个候选国家（地区）中仅有 96 个国家（地区）入选，另外 404 个名额则被各类公司占据。[①] 换句话讲，入选的 404 家公司的经济实力已经超过了大多数的国家。

公司创造了财富、提供了就业、带动了经济增长，公司的影响力已经渗透到人们生活的方方面面。《公司法》规定，公司有两种形式，即有限责任公司和股份有限公司。

《公司法》关于公司形式及定义的法律规定

第二条　本法所称公司是指依照本法在中国境内设立的有限责任公司和股份有限公司。

第三条　公司是企业法人，有独立的法人财产，享有法人财产权。公司以其全部财产对公司的债务承担责任。

有限责任公司的股东以其认缴的出资额为限对公司承担责任；股份有限公司的股东以其认购的股份为限对公司承担责任。

通常，只有股份有限公司的股东才有股票和股份，有限责任公司中则没有股票，只有“出资额”一说。

《公司法》关于公司股权的法律规定

第三十一条第一款　有限责任公司成立后，应当向股东签发出资证明书。

第一百二十五条　股份有限公司的资本划分为股份，每一股的金额相等。

公司的股份采取股票的形式。股票是公司签发的证明股东所持股份的凭证。

① 《新华财经发布 2017 年全球 500 经济体排名》，http://xhf.com/news/2017bg/.2017-09-28。

无论是股份有限公司中的股票、股份，还是有限责任公司中的出资额，都是投资人对公司股权的象征和证明，可受到有限责任保护。

2. 有限责任公司设立及股东权利义务

根据《公司法》的规定，所谓有限责任公司，是指股东以其出资额为限对公司承担责任，公司以其全部资产对公司的债务承担责任的企业。

(1) 设立有限责任公司的条件

设立有限责任公司，应当具备下列条件：

① 股东符合法定人数。

② 有符合公司章程规定的全体股东认缴的出资额。

③ 股东共同制定公司章程。

④ 有公司名称，建立符合有限责任公司要求的组织机构。

⑤ 有公司住所。

(2) 有限责任公司的设立登记

设立有限责任公司，一般要经过以下三个阶段。

① 申请名称预先核准。设立有限责任公司，应当首先由全体股东指定的代表或者共同委托的代理人向公司所在地的工商行政管理机关申请名称预先核准。申请名称预先核准，应当提交下列文件：

· 由有限责任公司的全体股东签署的公司名称预先核准申请书。

· 股东的身份证明。

· 工商行政管理机关要求提交的其他文件。

② 申请设立登记。股东的全部出资经法定的验资机构验资后，由全体股东指定的代表或共同委托的代理人向工商行政管理机关申请设立登记。法律、行政法规规定设立有限责任公司必须报经审批的，应当自批准之日起 90 日内

申请设立登记；逾期申请的，申请人应当报审批机关确认原批准文件的效力或者另行报批。申请时应提交下列文件：

·由公司董事长签署的设立登记申请书。

·全体股东指定代表或者共同委托代理人的证明。

·公司章程。

·具有法定资格的验资机构出具的验资证明。

·股东的法人资格证明或自然人身份证明。

·载明公司董事、监事、经理的姓名、住所的文件及有关委派、选举或者聘用的证明。

·公司法定代表人的任职文件和身份证明。

·企业名称预先核准通知书。

·公司住所证明。

·法律、行政法规规定设立有限责任公司申报经审批的，还应当提交有关的批准文件。

③ 核准登记。工商行政管理机关在收到申请人提交的全部申请文件后，应发给申请人《公司登记受理通知书》，并自发出通知之日起 30 日内，作出核准登记或不予登记的决定。核准登记的，应自核准登记之日起 15 日内通知申请人，发给《企业法人营业执照》；不予登记的，应当自作出决定之日起 15 日内通知申请人，发给《公司登记驳回通知书》。当事人对此决定可以申请行政复议或提起行政诉讼。

·公司设立登记费按注册资本总额的 1% 缴纳。

·注册资本超过 1000 万元的，超过部分按 0.5% 缴纳。

·注册资本超过 1 亿元的，超过部分不再缴纳。有限责任公司需要领取《企业法人营业执照》副本的，每份收取工本费 10 元；因遗失、损坏等原因，需重新补（换）《企业法人营业执照》的，每份收取 50 元。

（3）有限责任公司的设立责任

有限责任公司设立时，因股东未缴清股款或出资不实时，设立时的股东和未足额缴纳出资的股东应承担责任。《公司法》第三十条规定："有限责任公司成立后，发现作为设立公司出资的非货币财产的实际价额显著低于公司章程所定价额的，应当由交付该出资的股东补足其差额；公司设立时的其他股东承担连带责任。"

（4）有限责任公司对资本的要求

有限责任公司股东的出资，形成公司的初始资本。各国对股东认购股权的数额及享有的股权有不同的规定。《公司法》规定，每个股东依其所认缴的出资额负责，股东依其所持有股权的多少行使表决权。

有限责任公司的注册资本依法可以增加和减少，但需要具备法定的条件并依法定程序进行。《公司法》第四十三条规定，公司增加或减少注册资本，要由股东会作出决议，决议必须经代表 2/3 以上表决权的股东通过。《公司法》第四十六条规定，要由董事会制订公司增加或减少注册资本的方案。

（5）有限责任公司股东的权利和义务

股东是公司的出资人。除法律、法规有禁止或限制的特别规定外，国家授权投资的机构或部门、企业法人、具有法人资格的事业单位和社会团体、自然人均可成为有限责任公司的股东。股东依法享有权利，并承担义务。

① 有限责任公司股东享有的权利。

《公司法》规定，公司股东作为出资者按投入公司的资本额享有所有者的资产受益、重大决策和选择管理者的权利。具体来讲，有限责任公司股东享有如下权利：

· 有权参加或推选代表参加股东会，并按出资比例享有表决权。

· 有权选举和被选举为董事会成员、监事会成员。

· 有权依法转让出资。有限责任公司股东之间可互相转让出资。股东向股东以外的人转让出资时，必须经全体股东过半数同意；不同意转让的股东应当购买该转让的出资，如果不购买该转让的出资，视为同意转让。

· 有权优先购买其他股东向非股东转让的出资。

· 有权查阅股东会会议记录和公司财务会计报告。

· 有权按照出资比例分取红利。

· 有权优先认购公司新增的注册资本。

· 公司终止后，有权依法分得剩余财产。

· 公司章程规定的其他权利。

② 有限责任公司股东承担的义务。

· 出资义务。股东是以所认缴的出资额为限对公司承担责任，因此，股东应当足额缴纳公司章程中规定的各自所认缴的出资额。股东不按照法律规定缴纳所认缴的出资的，应当向已足额缴纳的股东承担违约责任。股东缴纳出资后，公司应当向股东签发出资证明书。

· 有限责任公司股东在公司登记后，不得抽回出资。

· 出资填补责任。有限责任公司成立后，发现作为出资的实物、工业产权、非专利技术、土地使用权等的实际价额显著低于公司章程所定价额，应当由交付该出资的股东补交其差额，公司设立时的其他股东对其承担连带责任。

3. 股份有限公司设立及股东权利义务

股份有限公司是指符合法定人数的发起人按照《公司法》所规定的法定程序，通过向公众发行股票来筹集全部注册资本，而且其全部资本分成等额股份，股东以其所认购的股份为限对公司承担责任，公司以其全部资产对公司的债务承担责任的企业法人。其中，股票可以在股票交易所上市交易的股份公司，又称上市公司。

（1）股份有限公司的特征

股份有限公司的主要特征是：

① 应当有 2 人以上 200 人以下为发起人，其中须有半数以上的发起人在中国境内有住所。

② 全部资本分成若干等额股份，股东以其所认购的股份数额对公司承担责任，并确定其权利；公司以其全部资产为限对公司的债务承担责任。

③ 公司股份体现为股票形式。股票是一种有价证券，可在股票市场上发行和流通。

④ 公司具有较严密的内部组织机构。公司的股东大会、董事会、监事会分别行使公司重大事项的决策权、经营管理权和监督权。公司的议事规则及办事程序均有明确规定。组织机构较充分地体现了所有权与经营权分离的原则。股份有限公司是典型的资本组合公司，公司信用完全建立在资本的基础上。它具有其他公司形式所不具备的优势：一是可以吸收社会上的闲散资金，融资能力强；二是股份可以自由流动，较大程度上分散了投资人的投资风险。

（2）股份有限公司的设立条件

根据《公司法》规定，设立股份有限公司，应当具备下列条件：

① 发起人符合法定人数。《公司法》规定，发起人至少应有 2 人。

② 有符合公司章程规定的全体发起人认购的股本总额或者募集的实收股本总额。

③ 股份发行、筹办事项符合法律规定。

④ 发起人制订公司章程，采用募集方式设立的经创立大会通过。

⑤ 有公司名称，建立符合股份有限公司要求的组织机构。

⑥ 有公司住所。

（3）股份有限公司的设立程序

① 设立筹备。发起人为申请设立股份有限公司应做的筹备工作主要包括：

· 发起人在协商一致的基础上签订设立公司的协议，草拟公司章程，起草设立申请书、可行性研究报告、招股说明书等重要报批文件。

· 原国有企业改组为公司的，应对原国有企业的债权债务进行清理，委托具有法定资格的资产评估机构和验资机构，进行资产评估和验资，界定原国有企业的净资产权。

② 设立申请和审批。发起人完成设立公司的筹备工作后，可共同委托一个发起人办理设立公司的申请手续。被委托人应当向国务院授权部门或省级人民政府提交设立公司的协议书、申请书、可行性研究报告、公司章程草案、资产评估报告等重要报批文件，由国务院授权部门或省级人民政府审查批准。

③ 筹集资本。设立股份有限公司，可以采取发起设立和募集设立两种设立方式。

· 发起设立是指发起人认购公司应发行的全部股份而设立公司的方式。以发起设立方式设立股份有限公司的，发起人应当以书面形式认足公司章程规定其认购的股份；一次缴纳的，应缴纳全部出资；分期缴纳的，应缴纳首期出资；以非货币财产出资的，应当依法办理其财产权的转移手续。

· 募集设立是指发起人只认购公司应发行股份的一部分，其余股份向社会公开募集而设立公司的方式。以募集设立方式设立股份有限公司的，发起人认购的股份不得少于公司股份总数的 35%，其余股份应当向社会公开募集。发起人向社会公开募集股份时，必须向国务院证券管理部门递交募股申请。经批准后，必须公告招股说明书，并制作认股书。

④ 选举公司组织机构或者召开创立大会。

· 以发起设立方式设立股份有限公司的，发起人交付全部出资后，应当选举董事会和监事会，形成公司组织机构。

· 以募集设立方式设立股份有限公司的，在公司发行股份的股款缴足后，发起人应当在 30 日内主持召开公司创立大会，创立大会的成员由认股人组成。发起人应当在创立大会召开 15 日前将会议日期通知各认股人或予以公告。创立大会应有代表股份总数过半数的发起人、认股人出席，方可举行。

创立大会的职权是：审议发起人关于公司筹办情况的报告；通过公司章程；选举董事会、监事会成员；对公司设立费用进行审核；发生不可抗力或经营条件发生重大变化直接影响公司设立的，可以作出不设立公司的决议。创立大会对上述事项作出决议，必须经出席会议的认股人所持表决权的半数以上通过。

⑤ 申请设立登记。

· 以发起设立方式设立股份有限公司的，在公司组织机构选举产生后，由董事会向公司登记机关报送设立公司的批准文件、公司章程、验资证明等文件，申请设立登记。

·以募集设立方式设立股份有限公司的，董事会应于创立大会结束后30日内向公司登记机关申请设立登记。公司登记机关自接到股份有限公司登记申请之日起30日内作出是否登记的决定。对符合《公司法》规定条件的，予以登记，发给公司营业执照；对不符合《公司法》规定条件的，不予登记。公司营业执照签发日期为公司成立日期。公司成立后，应当进行公告。

（4）股份有限公司的股东

股份有限公司的股东是指股份都在公司的股份持有人。股东可以是发起人，也可以是接受他人股份转让之人（股东可以是自然人、法人）。

发起人在公司成立时转为股东，享有股东权，承担相应的义务。发起人应承担如下责任：

① 连带认缴股款。股份有限公司采取募集方式设立，其创立会召开时，公司应发行的股份尚未认足，或第三人已认购而又撤回者，由发起人连带缴纳。

② 承担负责赔偿。发起人在公司设立过程中，由于其过失而致使公司受到损害的，应当对公司承担赔偿责任。

③ 公司不能成立时，发起人连带负担公司设立费用。

④ 连带责任返还股款及利息。公司不能成立时，对认股人已经缴纳的股款，发起人负返还股款并加算银行同期存款利息的责任。

⑤ 发起人与公司对第三人的连带赔偿。发起人在公司设立过程中，对于公司设立业务的执行，如违反法律规定造成对第三人的损害，应与公司作为连带债务人对第三人负连带赔偿责任。

股份有限公司必须于本公司或其代理机构中置备股东名册，记载股东姓名或者名称及住所、所持股份、股票编号、取得股份的日期等事项。

（5）股份有限公司的股份

股份有限公司的股份是以股票为表现形式的，体现股东的权利和义务，是按等额划分的公司资本构成单位。股票是股份有限公司签发的、证明股东持有公司股份的要式有价证券。股票是股份的表现形式，股东按持有股票表明的股份数享有权利，承担义务。

4. 法人、法定代表人与法人代表

法人、法定代表人、法人代表为三个不同的概念，不都是“人”，不要搞混淆。

（1）法人：不是人，是组织

根据《民法典》总则编第三章相关规定：法人是具有民事权利能力和民事行为能力，依法独立享有民事权利和承担民事义务的组织。法人依法成立，其成立的具体条件和程序，应依照法律、行政法规的规定。法人应当有自己的名称、组织机构、住所、财产或者经费。

根据《民法典》，法人又分为以下几种类型。

第一，营利法人。所谓营利法人，是以取得利润并分配给股东等出资人为目的的成立的法人。营利法人包括有限责任公司、股份有限公司和其他企业法人等。营利法人经依法登记成立，由登记机关发给营利法人营业执照，营业执照签发日期为营利法人的成立日期。

第二，非营利法人。所谓非营利法人，是指为公益目的或者其他非营利目的成立，不向出资人、设立人或者会员分配所取得利润的法人，包括事业单位、社会团体、基金会、社会服务机构等。

第三，特别法人。特别法人主要包括机关法人、农村集体经济组织法人、城镇农村的合作经济组织法人、基层群众性自治组织法人等。

第四，非法人组织。非法人组织是不具有法人资格，但是能够依法以自己的名义从事民事活动的组织，包括个人独资企业、合伙企业、不具有法人资格的专业服务机构等。当非法人组织的财产不足以清偿债务时，其出资人或者设立人承担无限责任。如果法律另有规定的，依照其规定。

（2）法定代表人：公司主要负责人

根据《民法典》规定，法定代表人是依照法律或者法人章程的规定，代表法人从事民事活动的负责人。法定代表人以法人名义从事的民事活动，其法律后果由法人承受。

另据《公司法》相关规定，法定代表人可以是公司董事长、执行董事，也可以是总经理，但每个法人只能有一个法定代表人，是代表法人行使职权的负责人。

（3）法人代表：代理人（非固定）

法人代表，为法人或法定代表人授权办理某个事项的代理人，通常会持有《授权委托书》（注明授权范围、时间，并盖有法人公章）去办理相关事务。法人代表可以是甲，也可以是乙，不是固定的，而取决于法人或法定代表人的授权。直白来讲，任何一名被公司派出去办事的人都可以视为法人代表，公司也可以根据需要随时更换法人代表。

5. 公司治理结构

公司治理结构，是出于实现公司资源有效配置的目的性，由公司所有者（股东）对公司的经营管理和绩效进行监督、激励、控制和协调的一整套制度性安排，直接关系到公司的发展方向和业绩情况，事关股东的核心利益，至关重要。

（1）有限责任公司的组织治理机构

① 有限责任公司的股东会。

有限责任公司的股东会由全体股东组成，是公司的权力机构，有权对公司的重大事项作出决议。

② 有限责任公司的董事会。

有限责任公司一般应设立董事会，董事会作为公司的意思表示机构，对外代表公司，作为公司的经营决策和业务执行机构，除法律规定必须由股东会行使的职权外，决定公司的有关事项，并负责执行股东会的决议。董事长是公司的法定代表人。有限责任公司设立董事会的，其成员为 3 ～ 13 人。股东人数较少和规模较小的有限责任公司，可设 1 名执行董事，不设董事会。执行董事为公司的法定代表人。董事应由股东会选举产生，但 2 个以上国有企业或 2 个以上的其他国有投资主体设立的有限责任公司，其董事会成员中应当有公司职工代表，公司职工代表由公司职工民主选举产生。董事每届任期由公司章程规定，但每届任期不得超过 3 年，任期届满，可以连选连任。董事任期届满前，股东会不得无故解除其职务。有限责任公司董事会设董事长 1 人，设副董事长 1 ～ 2 人，董事长、副董事长的产生办法由公司章程规定。

③ 有限责任公司的经理。

有限责任公司的经理负责公司的日常经营管理工作。经理由董事会聘任或解聘，对董事会负责，依法行使职权。

④ 有限责任公司的监事会。

监事会是公司经营活动的监督机构。经营规模较大的有限责任公司，设立监事会，其成员不得少于 3 人。监事会应在其组成人员中推选 1 名召集人。监事会由股东代表和适当比例的公司职工代表组成，具体比例由公司章程规定。股东代表由股东会选举产生，职工代表由公司职工民主选举产生。股东人数较少和规模较小的有限责任公司，可以设 1 ～ 2 名监事。董事、经理及财务负责人不得兼任监事。监事的任期每届为 3 年，任期届满，可以连选连任。

（2）股份有限公司的组织治理机构

股份有限公司的组织机构同有限责任公司的组织机构基本相同，即设有股东大会、董事会、监事会、经理，只是这些机构的职权有些不同。

① 股份有限公司的股东大会。

股份有限公司的股东大会是公司的最高权力机关，公司的一切重大事宜都必须由股东大会作出决议。

股份有限公司的股东人数众多，除少数当选董事会或监事会的人员外，没有直接参与公司事务的机会，而有限责任公司的股东人数少且均有直接参与公司经营的机会，所以《公司法》明确规定股份有限公司必须设股东大会，以此作为股东对公司重大事项表示意见的权力机关，一切有关公司的重大事项均由股东组成的股东大会作出决议。股东大会不是股东代表大会，应由全体股东组成。

股份有限公司股东大会的职权与有限责任公司股东会的职权基本相同。唯一的差别是，有限责任公司的股东向股东以外的人转让出资时，须由股东会作出决议；而股份有限公司的股东可以依法自由转让出资，无须经股东大会批准。

股东大会的形式分为年会和临时会两种。年会（又称普通股东会）是指依照法律规定每年必须至少召集一次的全体股东会议；临时会（又称特别股东会）是指依据需要由董事、监事或拥有一定比例股份的股东依实际情况临时召集的不定期的全体股东会议。《公司法》第一百条规定，有下列情形之一的，应当在两个月内召开临时股东大会：董事人数不足本法规定人数或者公司章程所定人数的2/3时；公司未弥补的亏损达实收股本总额的1/3时；单独或者合计持有公司10%以上股份的股东请求时；董事会认为必要时；监事会提议召开时；公司章程规定的其他情形。

股东大会会议由董事会召集，董事长主持。

② 股份有限公司的董事会。

董事会是公司的常设机关和执行业务机关。董事会的组成人员由股东大会选举产生，必须向股东大会负责。董事会成员中可以有公司职工代表。依据《公司法》，股份有限公司董事会成员为5～19人，董事应由股东大会选举产生。董事任期由公司章程规定，每届任期不得超过3年。

《公司法》规定，董事会的会议召集人应为董事长。董事会会议的决议应有1/2以上的董事出席，并经全体董事的过半数通过。

董事会的职权主要包括：负责召集股东大会，并向股东大会报告工作；执行股东大会的决议；决定公司的经营计划和投资方案；制订公司的年度财务预算方案、决算方案、利润分配方案和弥补亏损方案、公司增加或减少注册资本的方案以及发行公司债券方案；制订公司合并、分立、解散的方案；决定公司内部管理机构的设置；聘任或解聘公司经理，根据经理的提名，聘任或者解聘公司副经理、财务负责人，决定其报酬事项；制定公司的基本管理制度；申请公司设立登记，选举董事长、副董事长；申办发行新股的手续；等等。

③ 股份有限公司的监事会。

监事会是股份有限公司必设的监察机关。按照《公司法》规定，监事会成员不得少于 3 人，由股东代表和适当比例的公司职工代表组成。其中职工代表的比例不得低于 1/3，具体比例由公司章程规定。监事的任期每届为 3 年，任期届满，可以连选连任。

监事会的职权主要包括：检查公司的财务；对董事、经理执行公司职务时违反法律、法规或者公司章程的行为进行监督；当董事和经理的行为损害公司的利益时，要求董事和经理予以纠正；提议召开临时股东大会；等等。

④ 股份有限公司的经理。

经理是股份有限公司对内负责日常经营管理、对外代表公司的代理人。按照《公司法》规定，经理由董事会聘任或解聘。经董事会决定，董事会成员可以兼任经理，但监事不得兼任经理。

经理的职权主要包括：主持公司的生产经营管理工作，组织实施董事会决议及公司年度经营计划和投资方案；拟订公司内部管理机构设置方案及公司的基本管理制度；制定公司的具体规章；提请聘任或解聘公司副经理、财务负责人；聘任或解聘除应由董事会聘任或者解聘外的管理人员；公司章程和董事会授予的其他职权；等等。

第二章　初创公司股权设计的基本原则

1. 初创公司做股权设计的原因

很多创业者，在公司初创期往往出于各种原因，未做股权设计。事实上，对于初创公司，股权设计好比建高楼前的打地基，只有地基打得好，楼房才能建得稳；如果地基打不牢，则会留下很大的安全隐患。同理，未做股权设计或股权设计不合理的公司，在公司没有利润甚至亏损的情况下，股东之间或许没什么矛盾，而一旦公司的盈利能力和前景超出股东预期时，由于利益驱动，股东之间的矛盾就会凸显，这种现象很大程度上同股东的人品无关，而同人性有关。

新东方的创始人之一徐小平认为："公司股权结构不合理，一定做不成。"① 徐小平的话绝非危言耸听。在实践中经常能看到这样的情况：真功夫、雷士照明等公司由于股权分配不合理，导致创始合伙人分道扬镳；1 号店创始人于刚由于股权比例设计不合理而离开自己一手创立的公司。

股权不合理的公司，甚至会出现业务做得不错，最后却以倒闭收场，甚至越是挣钱，倒闭得越快的怪现象。这是由于股东之间权益分配不平衡而引发股东矛盾，从而阻断了公司的持续经营。

除了个人独资创业，做好股权设计和股权分配是一切初创公司的基本任务，是公司发展的原动力，它能够有效解决人的问题、钱的问题、资源的问题、

① 参见徐小平在 2015 年创投极客论坛上的发言。

融资的问题、公司控制权的问题。

进行股权设计，不是为了赶潮流，应有明确的目的性，它会对公司运营的各个重要方面产生直接影响。

（1）影响公司的控制权

股权设计之所以被视为企业的最高命题，在于企业的股权架构设计是能够影响到公司控制权的，这是公司赖以存续的核心问题，也是事关公司创始人核心利益的问题。

如果公司创始人不懂股权设计，或者没能做好股权设计，很可能会导致各利益相关方争夺公司控制权的局面。例如，国美电器收购上海永乐电器之后，黄光裕和陈晓之间对新公司控制权争夺的问题，以及就万科控制权的“万宝之争”等。公司控制权之争，不仅仅是公司内讧和内部消耗，有时还会导致公司实际控制人变更，甚至逼迫公司创始人出局。

需要注意的是，公司控制权并不等于控股权。我们看到很多公司，尤其是上了规模的公司和上市公司，公司核心创始人并不拥有绝对的控股权，但他们通过科学合理的股权设计和相应制度设计，确保创始人在不具备控股权的情况下，依然对公司拥有牢不可破的控制权和话语权。例如，马云在阿里巴巴的股权只占 4.8%（截至 2020 年 7 月），刘强东持有京东 15.1% 的股权（截至 2020 年 4 月），马化腾只持有腾讯 8.6% 的股份（截至 2020 年 4 月），李彦宏持有百度 16% 的股份（截至 2019 年 4 月），这些国内叱咤风云的商业巨头都不具有控股权，但对公司都有绝对的掌控权。相反，如果股权架构存在问题，那些拥有控股权的股东并不一定掌握公司控制权，搞不好还会被驱逐出局。

因此，公司的控制权并不是简单的持股比例问题，而是需要专业的架构设计才能解决。

（2）有助于聚拢合伙人

天使投资人徐小平讲过自己的一次经历：“有一次来了一位女士，我对她的这个产品非常喜欢，这个方向也很好。但是，她是百分之百的股东。我问她为什么没有一个合伙人？她说不需要，于是我就说我绝不会投你，原因是什么呢？当时她不明白这一点。”①

有这种心态的创业者不在少数，认为凭一己之力完全可以打下一片江山，至于人力的问题，可以通过招聘途径来解决，没必要非要找人来跟自己分权分利。这就出现了一个问题：创业，一定需要合伙人吗？这个问题要辩证地看待。

除了小生意和个体户，正规的公司化创业，往往都不是凭创业者一己之力能够完成的，需要引入合伙人，团队配合，各司其职，共同抵御风险，风雨同舟，结成前行的同盟军，共进退，共担风险。

当然，个人单打独斗创业，也不乏成功案例，但是很少。即使创业成功，也会把创业者搞得疲惫不堪，进程会比较曲折，发展也会很有限，创始人很容易心力交瘁，成功也可能只是一时的，抵御风险的能力较差。

引入合伙人，团队创业，则能够互相弥补短板，提升决策水准。合伙人各得其所，优势互补，其综合眼界和高度都非个人创业所能比。合伙人，可以是公司创始人和联合创始人、核心员工、外部顾问、投资人。合伙人，一定是公司股权的持有人。而优秀的股权设计能够规避人性的弱点，从制度的层面规制合伙人之前的权益、责任关系，将大家的优势和正能量凝聚起来，为公司建设添砖加瓦。

（3）明晰合伙人之间的责、权、利

合伙创业不仅要讲情怀，更要直面实际利益分配，而体现合伙人利益和价值的关键在于其所持的股份、所占股比、所享股权。进行股权架构设计，可以用来明晰合伙人之间的责、权、利。只有这种关系明确了，企业才具备做强做大的基石。

（4）方便融资

现代商业竞争在一定程度上是资本的竞争。同等水准的创业团队，同领

---

①《徐小平：什么样的人才是好的合伙人》，https://www.sohu.com/a/363680599_120434952?scm=1002.280027.0.0-0。

域的创业项目，谁拥有更雄厚的资本实力，谁能调动更多的资金资源，谁就能够更好更快地跑马圈地，占领市场，做到行业老大，拔得头筹，让竞争对手望尘莫及。相反，如果在融资上落后对手一拍的话，则会一步落后，处处被动。

【案例】

网约车领域的“融资战”

2013年上半年，国内网约车领域有三大巨头：滴滴打车、快的打车、大黄蜂打车。

为了抢占市场，跑赢对手，三家公司的“战争”发展到最后几乎成了一场融资战，从下表（表2–1）中，三家公司的融资轮数和额度，基本上可以直观地推断出其发展命运。

表2–1 滴滴、快的、大黄蜂融资对比表

	滴滴			快的			大黄蜂		
	时间	金额	投资方	时间	金额	投资方	时间	金额	投资方
A轮	2012年12月	300万美元	金沙江创投	2013年4月	1000万美元	阿里巴巴、经纬创投	不详	300万美元	晨兴创投
B轮	2013年4月	1500万美元	腾讯	2013年11月	1亿美元	阿里巴巴领投	—	—	—
C轮	2014年1月	1亿美元	腾讯、中信产业基金	2015年1月	6亿美元	阿里巴巴、软银、老虎基金	—	—	—
D轮	2014年12月	7亿美元	腾讯、淡马锡、DST	—	—	—	—	—	—

首先被吞并的是融资落后一筹的大黄蜂。2013年11月，快的收购大黄蜂。大黄蜂被并购之前，还有个小插曲。大黄蜂创始团队一直在接触百度高

层，洽谈融资事宜，希望拉来B轮投资，不过在滴滴、快的的阻击下未能成功。这样就避免了BAT（百度、阿里巴巴、腾讯）各投一家的局面，三大巨头正面接火的好戏也未能上演。

尽管兼并了大黄蜂，在滴滴的步步紧逼下，快的的日子也很不好过。2015年，在各投资方及双方公司高层的斡旋下，滴滴和快的实现了战略合并。这一结局更多是资本方出于利益最大化的考虑，事实上，在滴滴面前，合并之前的快的已居下风。

滴滴的强劲发展势头，让对手仰望的市场地位，离不开其创始团队的精诚努力。更不容忽视的是，以腾讯为首的强大资本方，不遗余力的倾心支持，即资本的大力支持。

在和快的进行的补贴大战中，对于需要由主要投资方腾讯来埋单的请求，腾讯高层很爽快地表态："不论是一个月后补贴还是下周一补贴，CEO做决定。"（《福布斯》杂志中文版2015年2月26日文章：《滴滴投资人王刚：滴滴如何用80万成为百亿美金公司》）

滴滴最终笑到最后，一家独大，很大程度上是融资的成功。

创业公司拿到融资的前提是股权结构要合理，让外部投资人愿意进入，敢于投入，且要让渡相应的股权份额，给予其充分的想象空间和获利空间。在创投圈，有这样一条共识：投资＝投人＝投股权架构。

如果股权结构设计不合理，基本上就堵死了外部资本进入的道路。

2. 公司股权设计的四大问题

公司发展通常可分为初创期、成长期、扩张期、成熟期和上市期五个阶段。而公司股权设计问题会伴随公司发展过程的始终，包括公司发展过程中会出现的并购、重组、重整及合伙人退出等一系列问题。在公司发展的初始阶段，公司股权设计及相应的股权治理结构就要梳理并解决好以下几个问题。

（1）出资人的问题

创业，需要的不仅是创业点子、项目和一腔热血，更需要真金白银的投入。创业初期，公司做任何事情都必须用到钱，有钱才好办事。所以，公司启动资金极其重要。

这种情况下，谁是出资人就显得非常重要。举例来说，某个创业项目，需要 1000 万元启动资金，那么出资 500 万元的合伙人和出资 100 万元的合伙人，其贡献程度是不一样的，这种不同要在股权分配上予以体现。

从资金来源方向看，有内部投资人（创始人、合伙人、团队、员工）和外部投资人（天使投资人、风险投资等）之分；从投资主体看，也分两种形式——一种是只投钱不做事（不负责公司日常经营和管理），另一种是既投钱又做事（股东同时担任公司内部职务）。这一点一定要在投资协议中约定清楚，免得日后扯皮。

（2）注册资本的问题

成立公司，会面临注册资本确定的问题，目前国内对公司注册资本的要求已经从实缴制变成认缴制。所谓认缴制，是指公司确定注册资本以后，股东并不需要当即将这些资本安排到位，而是可以在一个较长的期限内陆续到位，甚至可以长期不到位，但这并不意味着注册资本越多越好。在确定注册资本时要综合考虑几个因素。

首先，要考虑股东的出资能力，认缴制下股东虽然暂时不必将全部注册资本出资到位，但是需要承担同注册资本金额相对应的责任。另外，一旦公司注销，需要补交印花税（以注册资本为基数乘以相应比率）。

其次，要考虑公司的实际资金需求。通常，公司的注册资本可以是公司年资金实际需求的 2 ~ 3 倍。

最后，考虑公司是否有资质或名称上的需求。例如，一些工程企业或需要参加招投标的企业，会有一些注册资本上的准入要求，那么，就需要相应提高注册资本数额。另外，某些省对于不同公司名称中包含省、市、县等不同行政级别开头的，需要不同的注册资本标准。以河北省为例，如果公司名称是“河北省 ××× 公司”，则需要注册资本不少于 300 万元人民币，否则，只能注册为“××× 市 ××× 公司”或“××× 县 ××× 公司”。

（3）股权如何分配的问题

公司的股份分给谁、怎样分，这是股权设计的核心问题，要充分考虑到以下细节。

第一，考虑合伙人的出资金额、工作能力、资源情况、预计贡献值等。

第二，公司股权分配基本原则是看分配对象的综合贡献值，而不仅仅是出资额。具体来说，如果公司是技术导向的，那么对拥有核心技术的创始人，在分配股权时，应给予相应倾斜；如果是管理导向型的公司，则应向拥有管理背景的创始人倾斜；如果是资源导向型的公司，那么公司股权分配要优先照顾公司的资源人士。

第三，出资形式可以为现金、实物、知识产权、固定资产、资源等。一般来讲，初创公司都会面临资金紧张的问题，建议合伙人或多或少都要进行出资，都要拿出一定数额的真金白银，同时做好不同出资形式的估值转换。

第四，留出股权池，为后期的股权激励和股权融资做好准备，留出提前量。

（4）公司日常运营的问题

企业的经营者是指负责企业日常运营的人员，可以是股东，也可以是聘请的职业经理人。从法律角度讲，股东是企业的拥有者。而企业用来保障股东权益的机构有两个：董事会和监事会。

董事会由股东大会选取的董事组成，对股东负责，具有公司的经营决策权，领导公司所有的对内和对外事务；监事会是公司的监督机构，用来对董事会和经理人的活动进行监督，但并不参与公司的日常业务决策和管理，对外也无权代理公司。为了避嫌，监事会成员不能由董事和高级管理人员兼任。

董事会负责公司经营，对股东负责。监事会负责监督公司管理层的行为，也对股东负责。

3. 股权设计常见的几个“坑”

公司初创期，由于各种因素制约，创业者要么不进行股权设计，要么仓促进行股权分配，留下诸多隐患。在早期股权配置上，创业者容易跳进的“坑”主要有以下几个。

（1）均分股权

均分股权，这是股权分配最常见也是最大的一个“坑”，是股权分配的大忌。我们知道，国人素来讲究平分天下，创业伙伴之间也是如此，有福同享有难同当。

例如，两个创始人，股权就五五开；三个人合伙，那就每人 33.3%；四人创业团队，于是各占 1/4。殊不知，这都是典型的“埋雷式”股权结构，也是最易导致创业合伙人之间矛盾和分裂的股权结构。因为，股权可以均分，但每个合伙人对企业的贡献值不可能是均等的。大家合伙创业，除了情怀，还包括对经济利益、地位权力的追求。如果公司发展壮大，而合伙人的心态发生变化时，各种各样的问题就会暴露出来。

《21 世纪商业评论》执行主编吴伯凡认为创业团队最大的危险是均分股权，他认为：“最大的危险，我们四个都是兄弟，我们一起打江山，我们平均分配股份，我们一人 25%，如果是这样的话，这个公司死定了，不管商业模式有多好，不管有多好的技术，都死定了。原因是最初创业的时候志同道合，但是稍稍有所进展，稍稍有所成就的时候，每个人的主张就不一样了。所以在最危急的时候，大家容易形成共识，遇到一伙劫匪，四个人肯定会特别团结。但不是天天有劫匪的，好多事情要每个人去从最初的打乒乓球的状态到打高尔夫的状态。乒乓球就是球过来必须得打，这个时候用不着想问题，问题就出现了，你就必须去解决，创业初期都是打乒乓球的阶段。到一定时候，就是打高尔夫了，没人跟你对着打，你朝哪儿打，你打多远，所有东西都取决于你自己的时候，那是非常考验能力的。四个恨不得穿一条裤子的兄弟，可能会发生分歧，你不服我，我不服你，最后公司就会分崩离析，让一个伟大的计划开始覆灭，这种情况经常出现。”①

国内连锁餐饮企业“真功夫”创业时，蔡达标夫妇分别持股 25%，潘宇海持股 50%；2006 年，蔡达标夫妻离婚后，妻子的股权归蔡达标，于是蔡达标持股达 50%，与潘宇海持股相同。后经过融资，蔡达标和潘宇海的持股比例均被稀释至 47%。在投资人的支持下，蔡达标力推“去家族化”改革，股东之间爆发了激烈的矛盾。后来“真功夫”的董事长蔡达标也因职务侵占等罪而锒铛入狱。

因此，创业团队分股权，务必要绕过“股权均分”这个“坑”。

（2）股东太多，股权过于分散

股权分散是由于股东过多造成的。有些创业者出于分散风险、筹集资金的需求，通常会找到很多合伙人，导致股东过多，股权也比较分散。

股权分散，一方面会导致公司股东之间沟通协调和决策成本大大增加，另一方面公司股东之间也容易形成小团伙，形成各种利益博弈关系，使得内斗的风险大大增加，会影响公司的正常发展。而且，由于股东众多、股权过于分散，没有人能够一锤定音，股东都想插上一手，内部矛盾分歧就比较多，内部所出现的种种结果均不受个人意志所控制。而且数量众多且背景不同的股东，都想在公司运营中表达自己的意见，导致大家各执一词，工作效率极其低下，决策周期漫长，势必影响公司运营。

不论是股权众筹，还是其他形式的股权合伙，都应该按照公司治理的相关制度，确保有几个占主导权的大股东。再者，股权可以分散，话语权万万不可分散。大股东投入的资金多，他们会更加关注资金的安全，也可以有更大的发言权，便于意见的集中。

当然，如果公司发展良好，吸纳了外部投资人，经过数轮融资甚至 IPO（首次公开募股）之后，公司股东众多、股权分散是合情合理的，但这种情况不应

① 黑马、吴伯凡：《没有“415”原则，你的创业团队必定分崩离析》，第一财经，2015 年 1 月 14 日。

出现在公司初创阶段。

（3）资源股过多

公司创业之初，不仅缺钱，还缺各种资源。为了满足公司一时之需，创始人很可能会作出一些短视的决定——吸纳资源提供者为股东，给予较多股权。而等公司度过了生存期，进入高速成长阶段，才发现那些所谓的资源大多只有一次性价值、短暂性价值，等公司成长到一定阶段，这些资源的获得将会非常轻松。如此一来，就会在股权结构上留下很大的隐患和不公，资源提供者提供的多是阶段性的一次性价值，与其获得的股权价值不符，容易引起其他合伙人不满，同时也不利于引进新的合伙人，不利于公司的进一步融资。

因此，对于短期性资源提供者，不论其资源价值有几何，都要慎重发放股权，但可以考虑其他合作方式，如租借和购买的方式，就无须再通过股权进行深度绑定。

（4）天使投资人占股过高

一般来说，根据出资额，种子、天使投资人所占的比例基本是在10% ~ 20%。当然，不同的天使投资人和机构可能会有差异，不过基本上大部分都是在这个区间。如果种子轮、天使轮有人要超过25%的股份，那就可以果断拒绝了。天使投资人占股过高，基本上会带来双输的局面，影响公司后期的发展。

股权是创业公司最珍贵的资源，前期要非常珍惜，不要出让太多。因为，日后公司要给团队留下期权池，还要进行后续融资，如果早期出让过多股权，会直接影响后期的内部股权激励和融资进度。而且，早期出让股份过多无法保证管理团队对公司的绝对控制权。

（5）没有预留股权池

大部分创业公司合伙人分股权，就像是分蛋糕，100%的份额，几个合伙人不论以何种计量方式划分，总之是将100%的蛋糕分完为止。但他们遗漏了一个事项——没有预留股权池。

股权（期权）池通常是公司在融资前为吸引高级人才而预留的一部分股份，用来激励员工（包括创始人自己、高管、骨干、普通员工），是初创企业实施股权激励计划的一种常用方式。因为公司的发展壮大需要人才，而股权是吸引人才加入的关键手段。

创始团队最初分配股权的时候，应该预留一部分股份放入股权池，用于持续吸引人才与进行员工激励。而且，是否预留股权池，有时也是投资人衡量公司股权架构和投资价值的一个重要指标。比如，真格基金在做天使轮项目投资的时候，通常会要求创始人预留 15% 左右的激励股权。

4. 股权比例的七条生死线

股权结构是公司赖以存在的底层逻辑之一，进行股权设计及股权分配，要把控好以下几条持股比例的生死线。公司股权比，有几个关键的节点。

（1）持股 100%

100% 持股，属完全持股，一人掌控公司，老板（股东）对公司上下事项有绝对的不容置疑的处置权和决定权。

（2）持股 2/3 以上

持股 2/3 以上，即拥有绝对控股权，相当于 100% 的权力，确切地说，应该是持股 66.67% 以上。

《公司法》第四十三条第二款规定："股东会会议作出修改公司章程、增加或者减少注册资本的决议，以及公司合并、分立、解散或者变更公司形式的决议，必须经代表三分之二以上表决权的股东通过。"

可见，持股 66.67% 以上的股东（或股东联盟），有权主张以下事项：

· 修改章程；

· 增加注册资本；

· 减少注册资本；

· 公司合并；

· 公司分立；

· 公司解散；

· 变更公司形式。

但是，有例外事项，《公司法》第四十二条规定：“……但是，公司章程另有规定的除外。”也就是说，公司章程可以约定按照《公司法》规定的出资比例行使表决权，也可以自行约定另外的比例。

（3）持股 51%

《公司法》第一百零三条第二款规定了“股东大会作出决议，必须经出席会议的股东所持表决权过半数通过”。持股 51% 为相对控制线，拥有相对控制权，即所持表决权过半数可以决定公司的一般事项，或者说，可以控制公司日常经营中的绝大多数事务。比如，进行公司决策，聘请独立董事，选举董事、董事长，聘请审议机构，聘请会计师事务所，聘请、解聘总经理等。如果公司要上市，经过 2 ~ 3 轮稀释后，还可以控制公司。

（4）持股 34%

股东持股量在 34% 及以上，而且没有其他股东与他冲突，就拥有否决性控股，具有一票否决权。

我们知道，持股 2/3 以上拥有绝对控股权，有权表决通过事关公司生死存亡的事宜，但如果一个股东持股超过 1/3，那么另外的股东持股量就达不到 2/3 以上，因此，相对来说，那些决定公司生死存亡的事宜就无法通过。这样就相当于控制了公司的生命线，拥有安全控制权。

另外，一票否决权只是适用于那些决定公司生死存亡的事宜，而对其他仅需过半数以上股东通过的事宜，则无法否决（持股量在 34% 以上 50% 及以下的股东）。

（5）持股 10%

持股 10% 以上的股东，可提出质询、调查、起诉、清算、解散公司。相关法律依据如下。

《公司法》第三十九条第二款规定：“……代表十分之一以上表决权的股东，三分之一以上的董事，监事会或者不设监事会的公司的监事提议召开临时会议的，应当召开临时会议。”《公司法》第四十条第三款规定：“董事会或者执行董事不能履行或者不履行召集股东会会议职责的，由监事会或者不设监事会的公司的监事召集和主持；监事会或者监事不召集和主持的，代表十分之一以上表决权的股东可以自行召集和主持。”这些规定适用于有限责任公司。

《公司法》第一百条规定：“股东大会应当每年召开一次年会。有下列情形之一的，应当在两个月内召开临时股东大会：……（三）单独或者合计持有公司百分之十以上股份的股东请求时……”《公司法》第一百一十条第二款规定：“代表十分之一以上表决权的股东、三分之一以上董事或者监事会，可以提议召开董事会临时会议……”这些规定适用于股份有限公司。

尤其需要注意的是，持股 10% 以上的股东可申请解散公司，据《最高人民法院关于适用〈中华人民共和国公司法〉若干问题的规定（二）》第一条规定：“单独或者合计持有公司全部股东表决权百分之十以上的股东，以下列事由之一提起解散公司诉讼，并符合公司法第一百八十二条规定的，人民法院应予受理：（一）公司持续两年以上无法召开股东会或者股东大会，公司经营管理发生严重困难的；（二）股东表决时无法达到法定或者公司章程规定的比例，持续两年以上不能做出有效的股东会或者股东大会决议，公司经营管理发生严重困难的；（三）公司董事长期冲突，且无法通过股东会或者股东大会解决，公司经营管理发生严重困难的；（四）经营管理发生其他严重困难，公司继续存续会使股东利益受到重大损失的情形。股东以知情权、利润分配请求权等权益受到损害，或者公司亏损、财产不足以偿还全部债务，以及公司被吊销企业法人营业执照未进行清算等为由，提起解散公司诉讼的，人民法院不予受理。”

（6）持股 3%

拥有临时提案权，即持股股东可在股东会召开 10 日前提出临时提案并书面提交董事会。

（7）持股 1%

拥有代位诉讼权。股东可书面请求监事会或者不设监事会的有限责任公司的监事向人民法院提起诉讼；有权为维护公司利益，以个人名义直接向人民法院提起诉讼。

第三章　合伙创业如何设计股权

1. 合伙人的筛选标准

不懂合伙，必定散伙。选不好合伙人，散伙的概率也会大大增加。合伙，合的首先不是钱，而是人，看重的是合伙人的人品、格局和规则。

合伙人务必要有严格的筛选标准和准入机制。所谓准入机制，即准许进入的机制，也就是说，要满足一定的条件，你才拥有从事某一行业的资格。合伙人也要满足一定的硬性条件，不可什么人都吸纳，什么钱都接受。

称职的合伙人，既要有创业能力，又要有创业心态；既要投入时间、投入精力，更要投入真金白银。合伙人的筛选要符合以下准则。

（1）共担风险和收益

合伙人，不仅要分享收益，更要共担风险。

2001 年 4 月，美国教育考试服务中心（ETS）攻击新东方，他们在《华盛顿邮报》自称目的就是要搞垮新东方，国内的《环球时报》头版头条也刊登了对新东方很不利的文章。墙倒众人推，一些与新东方有合作的公司见势，开始了观望，并暂停合作，称："对不起，等你们渡过了这一关，我们再来！"这个时候，新东方的几个合伙人俞敏洪、王强、徐小平坐到了一起，商量对策。徐小平称："我们几个合伙人走过去，跟老俞一起击退了'帝国主义'对我们的猖狂进攻。当然，我们是爱国，也爱世界。在当时，ETS 确实做错了，他们没有考虑到中国的情况。”[①] 几个利益息息相关的新东方合伙人，成功击退了“帝国主义”的进攻。

2013 年 3 月 1 日，聚美优品精心策划的“301 大促”活动拉开了序幕。很不幸，这个之前在各种媒体及推广渠道上铺天盖地宣传的大促销，在 3 月 1 日零时刚一开场，便立即上演了一场消费者的体验“悲剧”。这次促销活动，聚美优品把重点放在了推广宣传上，而忽略了与之紧密关联的服务及后勤保障，使得大促当天聚美优品的服务器不堪重负，几乎瘫痪，有负众多聚美消费者及追从者的期望与热情，让聚美的大多消费者在电脑前数小时的辛苦等待化为乌有。聚美优品搞的这次“301 大促”，是电商史上数得着的“灾难”。危机之际，又是合伙人顶上去了，他们跟 CEO 陈欧通宵不眠，寻找应对危机的办法。如果没有齐心协力的合伙人，如果没有享有股份的合伙人之间利益的捆绑，仅仅是创业理想的话，创业公司可能很难渡过这些难关。

企业会经历很多困局，甚至可能遭遇倾覆的灭顶之灾。这种时刻，企业要做的就是解决问题，应对危机。创业者需要那种跟他同仇敌忾，跟他一起沟通、交流、挑战、质疑的合伙人。如果仅靠创业者一个人顶着，问题可能还没解决，创业者本人就先被击垮了。

合伙人，一定要找身处同一战壕的出生入死的同盟军，他们可以分担你的压力、责任和风险。

（2）有格局，懂让利

合伙人之间是一种紧密的利益捆绑关系，一旦涉及利益，人与人之间的关系就会比较难处理。有句古话说得好：“生意好做，伙计难搁。”好的创业合伙人可遇不可求。合伙人要有格局、能吃亏、懂让利，能够为整个团队、整个公司和长远利益考虑，可以为此牺牲个人的利益，不过于看重眼下利益，这是合伙人应具备的基本特质和格局。否则，合伙人为一些蝇头小利斤斤计较，那么

① 《徐小平：什么样的人才是好的合伙人》，https://www.sohu.com/a/363680599_120434952?scm=1002.280027.0.0-0。

创业公司也就做不大。

（3）充分的信任与包容

合伙人之间要互相信任、互相包容。合伙人在公司往往需要负责某个领域，需要独当一面，如果相互之间缺乏信任、互相防备的话，会使合伙人的精力浪费在歧途，错失公司成长的大好机遇。

同时，合伙人要具备基本的诚实和诚信，这是合作创业最起码的准则，如果连这点都做不到，以后的合作根本不可能成功。对于那些毫无诚信可言的人，创业者应杜绝与其合伙。

（4）优势互补

出身、学历、背景、性格、能力、资源、行事方式上互补，避免同质型（比如全是技术型、市场型、内敛型、海归型）团队，这种差异互补型合伙团队会更稳固。

携程和如家的创始合伙人团队就是一个优势互补型团队，《第一团队：携程和如家》中是这样概括的："在美国接受教育并且工作多年的沈南鹏、梁建章，与接触过国外文化的民营企业家季琦、国有企业管理者范敏，构成了中国企业史上的一个奇妙组合。在这个组合里，没有'皇帝'，也没有'大哥'；他们虽有同学之谊、朋友之情，但性格、爱好迥然不同，经历各异；他们创立的携程和如家虽然经历了多次高层人事变更，却从来没有发生过震荡，都在纳斯达克成功上市，并且一直保持着优异的业绩；他们为中国企业树立了一个高效团队的榜样，最终获得了共赢的结局。"[①]

再看一个失败的案例：2003年，在华为工作了多年的姜天露，遇到了研发工作的"瓶颈"，迎来了职场工作中的"七年之痒"，面对外部的创业利好形势，他按捺不住那份躁动不安的心，于是离开了华为，进入智能电视领域创业。辞职前，年轻气盛的姜天露把创业想得太简单，他只是一个在华为搞研发的技术

① 朱瑛石：《第一团队：携程与如家》，中信出版社2008年版。

"宅男"，没有管理经验，没有优势互补的创始人团队，不懂市场，不会融资，不会沟通协调，有的只是技术。"现在来看，感觉那个时候还是比较幼稚的，仅靠一个技术点不可能成功。而且我们5个人的团队还会打架、争吵，吃饭都聚不齐，吃不到一桌，问题比较严重。"① 姜天露回忆道。这次创业，以失败告终。

显然，在创业的路上，你能够走多远，取决于你和谁同行，选择谁做合伙人。

2. 合伙人要做好能力搭配组合

"我来自达特茅斯，我是学政治科学专业的，放弃了当总书记的梦想，现在也想投身创业的行列。"这是2014年在美国麻省理工学院中国创新与创业论坛（MIT-CHIEF）上，一名个子不高、戴着黑框眼镜的男生的话，引来了会场一阵笑声。

麻省理工学院（MIT）这所偏理工科的名校，有着浓厚的创业氛围。在论坛两天活动的最后一个环节，主办方留出了半小时时间，让那些有创业想法和正在创业的人分享自己的创意和经历。上述学生的开场白，就是他被会场热烈气氛感染后，临时迸发出的一个创业决定，便大胆上台同大家分享了。

创业离不开创意，离不开创业者的灵感一现。

创业往往始于创意，始于灵感。

创业离不开主意、点子、创意、灵感一现，但绝不仅限于此，创业是一个错综复杂的系统工程，而不只是灵感工程。

创业是一个系统工程，事关钱、财、物、进、销、存，涉及人、货、场，它要求创业者在市场调研、定位、策划、市场营销、执行力、领导力、团队组建、财务体系、公司架构、内外协调、退出机制、预算等一系列领域具有跨界

① 刘国仁：《创业战场：两次进出华为 两次创业失败后的再创业》，世界经理人论坛，2014年9月24日。

的能力和知识积累。

在创业初期，任何一个方向、一个领域顾及不周，都有可能招致创业失败。

中国古代一些思想家认为，天有五行，相生相克，中医也说，头痛未必医头，脚痛未必医脚，讲的就是系统、联系、秩序。同样，无论是小生意，还是创大业，其实都是一个个系统工程，需要的是系统化的能力。而个人能力往往存在短板，通过合伙人的引入，则可以有效取长补短，实现能力上的互补，练就创业团队的系统化能力。

创业路上充满磨难艰辛，有几个志同道合、立志高远的伙伴（合伙人）陪伴，能增添几分成功的把握。但是合伙人之间的合作，又不是人员的简单叠加，而是能力的组合，股东间要做到“力往一处用，劲儿往一处使”，这样才能发挥出“1+1 ＞ 2”的效果。

合伙人能力搭配不合理，也很有可能招致创业失败。股权分配机制，就是用现在的名和未来的利，把当下最有能力、潜力且和老板立场统一的人，集合成一个利益共同体（股东共同体），定好未来与当下的分配规则，这样有可能创造奇迹。

来看一个创业失败者的自述：“我是一个二十几岁的愣头青，合伙人是一个将近 40 岁的女人，这样的组合很难让人信服我们的专业能力和公司水平。其实问题主要出在我身上，合伙人无论是行业经验、专业水平，还是提案、气场，都没什么问题，但她身边站个我，就出现问题了。每次与客户面谈时我都会紧张，一是我之前完全没有当着一群人的面发言的经验，二是我性格有些内向，普通话本来就不流利，一紧张更加磕巴，可想而知我给合伙人带来的负面影响有多大。事后我仔细考虑，也跟她提过：假如下次再有机会，我们宁可花钱请个有气场、形象与谈吐能力都能够压得住场面的人陪你去，也不能再让我站在你旁边，我们还是回到各自分工的战场：你对外拓客，我负责内部运营。可惜，我们再也没有了‘下次’。一家公司创办人的形象气场，直接决定了一场商务谈判的成败！”

这番失败感慨，可谓字字真言，是无比沉痛的教训。显然，这家创业公司是由于股东能力组合出现了问题，核心合伙人不具备相应的沟通能力，导致企业业务拓展的失败。

在实际操作中，找到合适的股东不是一件容易的事。

第一，合伙人的角色组合

公司合伙人通常需要这样几种角色。

（1）战略家：格局宏阔，视野宽广，野心勃勃，能够高瞻远瞩，制定公司战略。

（2）执行者：要接地气，执行力强，擅长带领大家去落实各项决策。

（3）社交家：社会经验丰富，能够游刃有余于各种圈子，善于挖掘资源，整合资源，利用资源，为公司发展争得一个良好的外部环境。

（4）内训师：凝聚力强，心态积极，是团队的正能量场，能增强团队的向心力。

第二，合伙人的互补性要强

公司合伙人、核心团队成员间，应该有互补性。这种互补，既包括知识、经验上的互补，也包括性格、能力上的互补。

邓中翰在创办"中星微"的时候，首先找到的合作伙伴是斯坦福大学的电子工程学博士杨晓东，他有在英特尔和惠普的工作经历，长期从事 CMOS 大规模集成电路系统的研究，有技术特长；接着，邓中翰又找到了移民加拿大的老同学金兆玮，这位成都电子科技大学毕业生，有着丰富的市场经验。合伙人团队组成后，大家专门做了分工：邓中翰是一个知识结构和能力都很全面的人，做事情喜欢从全方位考虑，所以主持大局；说话和走路的频率都比别人快的杨晓东则是对技术充满了激情，就专注于技术；金兆玮"和再难缠的人都能打交道"，所以抓销售。

引入合伙人，实现团队创业，能够互相弥补短板，提升决策水准，合伙人各得其所，优势互补，其眼界和高度都非个人创业所能比。

第三，合伙人的股权划分原则

合伙人之间股权的划分，不仅涉及核心利益的分割，更会影响企业的长远发展与稳定，务必要做到科学合理（见表 3-1）。

表 3-1　股权组合的划分原则

股东数量	划分原则	应避免的划分方案	合理的分配方案
2 名合伙人	避免均分，老大要清晰	·50%∶50%（股权均分） ·65%∶35%（博弈型，小股东可一票否决） ·99%∶1%（大股东吃独食）	·70%∶30%（老大清晰） ·80%∶20%（老大清晰） ·51%∶49%（一大一小）
3 名合伙人	1 ＞ 2+3（即大股东比例要大于二、三股东之和）	·各占三分之一 ·93%∶4%∶3% ·40%∶40%∶20%	·70%∶20%∶10% ·60%∶30%∶10%（老大清晰，能够进行快速决策）
4 名合伙人	2+3+4 ＞ 1	·25%∶25%∶25%∶25%（均分） ·94%∶3%∶2%∶1%（老大独大）	·40%∶25%∶20%∶15% ·35%∶29%∶20%∶16%

3. 按合伙人的贡献度进行估值

影视剧中的江湖卖艺者常会提及这样一句话，“有钱的捧个钱场，没钱的捧个人场”，它同样适用于合伙人之于创业公司。每一位合伙创业的参与人，不仅背景不同、能力不同、优势不同，他们所提供的创业资源也各不相同。例如，有的合伙人直接提供资金，有的合伙人提供技术，有的合伙人提供场地，有的合伙人则提供客户资源和销售渠道等，不一而足。那么，如何将合伙人不同形式的贡献进行估值呢，这就需要有一定的折算准则。

各创始人贡献的资源、性质不同，表面看似乎没有一个等价对比的方法，没有一个折价的依据。因为，在创业前期，很难说资金比技术更重要、技术比销售渠道更重要、销售渠道比融资渠道更重要。所以，对于创始人不同的贡献如何折换成股权，是令很多创业者头疼的问题，大多都是采取“拍脑袋”的方式进行股权分配，而缺少了一种数学模型的支撑和理论依据。这很可能会埋下隐患，矛盾会不定时爆发。

有没有一种计算方法，可以将创始人的各种贡献在同一层面上进行量化呢？一来计算起来比较科学客观，二来也能让各合伙人心服口服，减少日后扯皮事件的发生。

市场价值估值法，能够很好地解决这一问题。市场价值估值法就是根据各创始人提供贡献的当时市场价值进行估值，将各人的估值进行汇总，再计算各个创始人在贡献总估值中所占比例，这个比例就是各人所对应的股权。

举个例子：合伙人 A 按照人力资源市场行情，工资收入在每月 2 万元左右，创业前期只领取 1 万元的基本生活费，那么还有 1 万元是 A 应得，但公司没有支付的，这部分钱就应该折算成 A 对公司的净投入，算作对公司的投资。A 在公司中的股权，就可以参照他的个人投资额占公司总投资额的比例进行估值。

同理，按照这种计算方式，应当先折算各创始人对创业企业各种投入的价值，加起来计算出总投入的价值，然后再折算每个人的投入价值占总价值的比例。比如，甲投入的是研发工作，估值为 60 万元；乙投入了资金，估值为 80 万元；丙投入了办公场所和办公设备，估值为 30 万元；丁投入的人力成本估值为 30 万元。所有合伙人的投入总估值为 200 万元，那么甲、乙、丙、丁所对应的股权分别就是 30%、40%、15%、15%。

市场价值估值法最重要的一个环节，就是估算各种投入的价值。

（1）时间要素估值

时间，是创始人对公司的一个必不可少也是最重要的贡献。时间要素的估值，可以按照当前人才市场上通常的薪资标准来计算。比如，创始人 A，以其当前的学历、资历、能力、专业背景，在其他公司的同类岗位上，能提供什么水准的薪资标准，这个薪资标准就是他的时间要素价值。

时间要素的估值会直接决定相关创始人的定位和工作积极性。比如，合伙人 B 的薪资标准应在 5 万元左右，如果创业公司开始就为其提供 5 万元的月薪，那么就相当于 B 没有为创业企业投入任何时间价值，实际上，他只是个被雇用的员工而已。如果创业公司为其提供了 3 万元的月薪，那么另外 2 万元的差额就是 B 的时间要素估值。

简单来说，合伙人在创业公司从事的工作，如果按市场行情价值 2 万元，而他却一分钱工资也不拿，就等于为公司节省了2万元的工资成本，或者说是为企业赚取了2万元的人力投入。那么，这2万元就是他对公司的时间贡献值。

时间要素的估值，要本着这样的原则——以创业公司“本应该发给合伙人、但是实际没有发放”的工资，作为合伙人的投入。

（2）现金估值

现金对于初创企业尤其重要，在创业公司前景尚不甚明朗的情况下，对公司投入现金，意义重大。现金估值要分两种情况，一是内部合伙人的现金投入，一般要按其实际金额并结合合伙人的其他投入进行综合估值；二是外部投资人，即只投入资金，不在创业公司从事具体事务的投资方，其现金估值应酌情压缩，以免资金股坐大，出现前面我们讲到的问题。

比如，某个创业公司中：

①A、B、C三人创业，A出力并负责创业企业日常运营，B出力并主要负责事务性工作，C只出钱，不负责具体公司事务。

②第一年A、B、C三人都不领工资。

③如果人才市场雇用A这样资历的人才、从事A在创业企业里的工作，应该付给A的年薪是48万元。

④B在人才市场的此职务年薪应该是32万元。

⑤创业前期，A、B都没有现金出资，都拿不出钱来，C可以提供40万元；

⑥由于该创业项目前景很好，A、B二人发挥的作用非常大，具有不可替代的地位，直接决定创业项目的成败。三人经过商议，同意A、B按投入要素实际价值进行估值，C则按实际出资额的50%进行估值。

这样，A的投入估值为48万元，B的投入估值为32万元，C的投入估值为20万元，加起来三方的投入合计估值为100万元，所以A、B、C三方的股权比例分别为48%、32%、20%。

（3）实物出资要素估值

合伙人向创业公司提供的实物出资，也可视为现金投资，不过需要折换成相关物资的当下市场购买价值。这样的实物资产，必须至少满足下面条件之一：

① 是创业公司的必须资产。所谓必须资产，是指离开这些资产，公司就无法正常运营。比如，基本的办公家具、电脑、打印机、传真机等，而对于不是创业公司必需的资产，就不应归入实物出资的范畴，如鱼缸、加湿器、微波炉等。

② 是为创业公司的运营而特意购买的，如购买的各种办公用具、电器。如果合伙人从家中搜集一些闲置的办公用品，如电脑、清洁用具等，则应视为义务支援，不应归入实物出资的范畴。

实物出资要素的估值，可以根据市场价来评估。比如，实物资产如果是全新的，则按市场购买价来计算；如果是折旧资产，则以二手物品的实际成交价格来计算，具体可参照一些二手物品交易网站的价格。

（4）创意要素估值

创意出资，主要是指专用技术、知识产权、产品，合伙人向创业企业提供的创意要素的市场价值，就是合伙人对公司的投入。如果合伙人不愿意把知识产权转入创业企业，只希望授权创业企业使用，那么知识产权许可使用费也是创始人对公司贡献的价值，可以按照企业“应该支付、但未支付”的许可使用费计算知识产权许可使用的价值。

（5）其他资源估值

如果公司合伙人或是合伙人的外部朋友，能为创业公司提供重要的资源，公司暂时无钱支付的话，也可以酌情根据相应资源的市场价值进行估值后折算成对创业公司的贡献值，给予一定的股权。

4. 股权分配的两条基本原则

事实上，所有领域的创业者都需要同人分享股权，但在和利益相关方进行股权切割时，需要掌握好尺度和底线。

（1）创业发起人（创始人）占大股

创业发起人，即创始人，是创业公司的灵魂人物，也是公司项目、产品成功的关键。投资从某种程度上讲就是投人，“宁要一流的人才和二流的项目，也不要一流的项目和二流的人才”是很多投资人奉行的投资准则。请记住，人力资本一定大过货币资本，对于启动期的创业公司尤其如此。

所以，创业发起人要重视自身价值，而且创业发起人不仅要投入资金，更要做操盘手，要负责公司的运营与拓展，要做事，可以说是投入了全部的身家性命。因此，创业发起人要占大股，前期务必要掌握控股权。

雷军曾经说过：“二十多年前，我在读大学，被几个朋友拉去创业。四个人，每人25%，大家都很高兴。没过几天，问题来了，每件事情都需要反复讨论，到后来几个月，甚至改选了两次总经理。最后公司关门了。我的经验是三人或以上的合伙人创业，一定要有明确的牵头人，不能平分。”[①] 对应小米科技几位合伙人的占股比例分别为：雷军78%，黎万强10%，洪峰10%，刘德2%。正是核心创始人雷军在小米科技的绝对控制权，才保障了小米科技的正常发展。

（2）外部投资人占小股

外部投资人，通常只投钱，不做事，因此其股权获得价格应比合伙人高，而不应同合伙人一视同仁，按同样的价格来获取股权。

通常，我建议外部投资人最低要比内部合伙人高出1倍的价格购买股权。比如，公司启动资金如果需要100万元，内部合伙人购买价格为1万元一股，那么外部投资人则要定价2万元一股。

具体操作时，要绝对避免完全按出资比例来分配股权，因为外部投资人相较创业合伙人团队，其权益肯定要受到一定限制。对此，创业合伙人要把控好底线，该强势的时候一定要强势，否则会造成无穷的后患。

① 《互联网公司初创期，股权比例竟这样分配》，https://zhuanlan.zhihu.com/p/148853974.2018-6-17。

举例来讲，某创业公司有 4 名合伙人，共持股 49%，外部天使投资人投入 1000 万元，持股 51%。由于切入的是一个几乎空白的细分领域，该项目上线后，发展迅速，用户急速增长，渐渐引起了很多投资机构的瞩目。遗憾的是，该公司的创业团队先后接触了数十家国内外投资机构，都不能取得实质性的进展。原因很简单，那些老道的投资人一眼就看出了问题所在——天使投资竟然持股 51%，再继续跟投就是往坑里跳。

有些创始人会天真地寄希望于向早期的天使投资人回购股份，但有几个天使投资人愿意将到手的利益拱手相让，即使想让也会让创始人和其他投资人付出高昂的代价，况且这种持有大量股份的天使投资人也不具备大格局和大局为重的觉悟，否则就不会主张控股权了。

投资人的股权分配不合理，不仅会打击创业合伙人的积极性，也会给后期的投资者设置天然的进入壁垒。有很多初创企业，有好团队、好创意、好产品，却因为股权问题，倒在失败的创业路上。

如何规避这种问题呢？那就要设计好股权出让的底线。第一轮增资扩股（种子轮、天使轮）尽量不要超过 30%，建议在 20% 左右。事实上，一些具备共赢心态和开阔格局的投资人，也很认同这一点，道理很简单，只有先将盘子做大，才能给大家带来更多的利益。

5. 公司要有老大和实际控制人

徐小平曾在“论初创企业合伙人”的演讲会上，谈道：“我们回头来看失败的企业，绝大部分都有共同的特点，或者是做得非常艰难的企业有一个共同的因素，就是他们的创始人里只有一个老大，没有老二、老三，没有占两位数的合伙人。创始人要懂得分享，身边要有相关的资源。如何将合伙人分出一二三呢？最好的办法就是股权。第一创始人，要给合伙人多少股份合适呢？答案并不是‘多’或者‘少’，而是‘足够’。因为不同的人、不同的产业，拥有和需求资源是不一样的。你需要给这群人足够的股份，让他们觉得这是自己的事儿，让他们去拼命；让他们觉得不是在为你打工，而是在替自己干活；让他们觉得这不是你的企业，而是他们自己的企业，不要让合伙人再有雇员心态。相对而言，创始团队老大的位置比较容易界定，合伙人中通常会有一个发起人、一个意见领袖、一个轴心，他会是当之无愧的团队老大。”①

创业公司有一个清晰明确的老大是非常必要的，诸如苹果、微软、谷歌、腾讯、阿里巴巴、百度、小米……这些企业都有清晰明确的老大。有老大不意味着专治，老大不一定要控股，不过一定要有对公司的控制权。通过各种财务设计，如通过 AB 股计划、事业合伙人制等确保老大对公司的控制力。创业合伙团队的决策机制可以民主协商，但意见分歧时必须集中决策，一锤定音。

公司老大只有具备了控制权，在公司股东会和董事会的博弈中，才能拥有话语权，能够掌控公司，创业公司才不会沦为赌徒手里不断转售的纸牌。老大在底层运营层面适度放权，公司才能走出老大的短板与局限性。

而那些没有明确老大的创业团队，看似平等民主，实则会严重影响企业的决策效率，时间长了，甚至会引发创业团队内部的股权战争。“人为财死，鸟为食亡。”当利益纠纷达到一定程度时，什么伙伴、友谊之类的东西都得靠边站。避免这些情况发生的最好办法是先小人后君子，提前在制度上做好设计，规避后续问题的出现。

合伙人团队中最怕没有大家都信服的老大，企业的老大不清晰，企业股权设计就是失败的，来看一个反面案例：

“西少爷”将传统肉夹馍和互联网营销手法相结合，曾火爆一时，第一家门店开业不到一周，就有投资人找上门来要投资，给出了 4000 万元的估值。

“西少爷”有 3 个合伙人：孟兵、宋鑫、罗高景，持股比例分别为 40%、30%、30%。“西少爷”肉夹馍实际上是他们的第二个创业项目，转型后，第四名合伙人袁泽陆加入。

---

①《徐小平：失败企业的惨痛教训就是“只有老大，没有合伙人”》，https://www.sohu.com/a/200342786_816315.2017-10-26。

在公司高速发展之际，“西少爷”的几个合伙人却由于股权架构和引资问题起了内讧。大股东孟兵提出，为了公司日后发展需要，希望公司能组建VIE结构，提升自己的投票权权重（是其他合伙人的3倍），对此，其他3名合伙人都感到很惊讶。经过协商，罗高景和袁泽陆表示可以接受孟兵拥有2.5倍的投票权，宋鑫却始终没有同意。

于是，一场漫长的股东内斗就此开始，先是宋鑫被踢出管理层，后来宋鑫又另起炉灶，创办“新西少”肉夹馍。最后，他们更是因为分红问题闹上了法庭。

“西少爷”合伙人从股权上没有分出绝对的老大，而在实际决策权上也没有一锤定音者，谁也不服谁。

公司必须有实际控制人，这个控制人一般就是创始人，通常是发起创始人。一家公司，只有确立了控制人，公司才有明确的主人，才有杀伐果断的决策，才有运营的方向。

创始人要控制公司，最简单、直接、有效的办法，是掌握控股权。非上市公司的控股权在操作上相对容易，事实上，经过多轮融资的公司，或是已经上市的创业公司，创始人和创始团队的股权已经被充分稀释，极少有人能掌握控股权，常见的情况是核心创始人作为公司的最大股东而存在。

上市后，创始人持有多少股权，才算是比较合理的呢？我们看一些国内外的知名上市公司的情况（见表3–2）。

表3–2　知名上市公司创始人持股情况一览表

公司及创始人	持股比例
阿里巴巴——马云	4.8%
腾讯——马化腾	8.6%
360——周鸿祎	14%
京东——刘强东	15.1%
百度——李彦宏	16%
谷歌——佩奇、布林	14.01%、14.05%

可见，上市公司核心创始人的股权多在 20% 左右。

当然，不控股也有控制公司的操作空间。比如，投票权委托、一致行动人协议、有限合伙、AB 股计划等，都可以是备选方案。京东上市前用的是投票权委托，上市后用的是 AB 股计划，上市前后无缝对接。

这是相对的“失控”，这样公司才能走出创始人的局限性和短板，具备爆发性裂变的基因和可能性。控制中有失控，失控中有控制。这才是公司控制的最高艺术。

6. 设计好退出机制

天下熙熙，皆为利来；天下攘攘，皆为利往。合伙人之间，没有永远的朋友，也没有永远的敌人，只有永远的利益。同样，合伙人之间有聚也有散，合伙人在决定合伙创业的时候，就要把退伙的问题协商好。如果没有妥善的合伙人退出机制，就很可能导致纠纷。

例如，某创业公司，前期一个合伙人出资仅仅 3 万元，就拥有公司 30% 的股权。后来，由于合伙人个人原因，导致不能继续在公司任职，所以退出。离职后，退出合伙人坚决不同意退股，他的理由是：（1）《公司法》没规定股东离职得退股；（2）公司章程没有约定；（3）股东之间也没签过任何其他协议约定，甚至没就退出机制做过任何沟通；（4）他出过钱，也参与了创业的关键阶段。而其他合伙人则认为如果他不退回股权，既不公平也不合情合理，但由于事先没有约定合伙人的退出机制，对退出合伙人的股权束手无策。

合伙人取得股权是基于大家长期看好公司发展前景，愿意长期共同参与创业；合伙人早期拼凑的少量资金，并不是合伙人所持大量股权的真实价格。

股权的核心价值在于，所有合伙人与公司长期绑定，通过长期服务公司去赚取股权。如果不设定退出机制，允许中途退出的合伙人带走股权，这样做看似对退出合伙人公平，但却是对其他长期参与创业的合伙人最大的不公平。

对于合伙人可能退出的情形，应当提前制定预警性的退出机制。

（1）在企业初创期，合伙人的股权分为资金股与人力股，资金股占小头，人力股占大头，人力股至少要和一定的服务期限挂钩，甚至与核心业绩指标挂钩。如果合伙人未能完成服务期限，或未能达到相应的业绩指标，则其股权的处置应当按约定政策执行。比如，可以在一定期限内（如一年之内），约定股权由创始股东代持。

（2）如果合伙人离职，资金股与已经成熟的人力股，离职合伙人可以兑现，但未成熟的人力股应当被回购。

（3）股东中途退出，公司或其他合伙人有权溢价回购离职合伙人未成熟甚至已成熟的股权。

（4）鉴于国人“谈利益，伤感情”的观念，合伙人之间首先就退出机制的公平合理性充分沟通理解到同一个波段，做好团队的预期管理，然后再做方案落地。

（5）对于离职不交出股权的行为，为避免司法执行的不确定性，约定离职不退股要付高额的违约金。

（6）合伙人跟配偶应就创业股权进行钱权分离。很多创业者容易忽视的是，创业合伙人的配偶，其实是背后最大的隐形创业合伙人，因为法律规定婚姻期间的财产属于夫妻共同财产，当然也包括配偶在公司的股权，除非夫妻间另有约定，创业者一旦离婚，其直接结果是，公司的股权将会发生变更，甚至会导致实际控制人发生变更。为了既保障公司股权与团队的稳定性，又兼顾配偶合理的经济利益，稳固创业者后方的和谐家庭关系，应设立配偶股权条款，其基本原则是：一方面，要约定股权为创业者个人财产；另一方面，创业者还要同意与配偶分享股权变现利益，做到钱权分离。

创业公司遇到合伙人退出，应按上述约定或其他特殊约定平和进行，不应反目成仇。在执行退出合伙人股权回购时应遵循两个原则。

第一，承认合伙人的贡献。对于退出的合伙人，一方面，可以全部或部分收回股权；另一方面，必须承认合伙人的历史贡献，按照一定溢价或折价回购股权。这一点不仅关乎合伙人的顺利退出，也事关公司形象乃至企业文化的塑造。

第二，回购价格的确定。对于退出合伙人股权回购价格的确定，要考虑两个因素，一个是退出价格基数，另一个是溢价或折价倍数。例如，可以考虑按照合伙人掏钱买股权的购买价格的一定溢价回购，或退出合伙人按照其持股比例可参与分配公司净资产或净利润的一定溢价，也可以按照公司最近一轮融资估值的一定折扣价回购。

第四章　初创公司股权设计的风险与防范

1. 在法律框架下进行股权设计

股权设计直接决定公司的股权结构，股权结构是公司治理结构的基础，公司治理结构则是股权结构的具体运行形式。不同的股权结构决定了不同的公司组织结构，从而决定了不同的公司治理结构，最终也会影响公司的行为和绩效。

股权设计不仅要考虑公司经营和绩效上的需求，同时也需在相关法律规定的框架下进行，以避免法律风险。涉及公司股权的法律法规主要包括《公司法》《证券法》《上市公司收购管理办法》《上市公司并购重组财务顾问业务管理办法》等。

公司股权设计中的常见法律问题有以下几个方面。

（1）股东的法律认定

先看股权的概念，股权是指出资人基于其出资而在有限责任公司或者股份有限公司中享有的人身和财产权益。该出资人即为公司股东，股权就是股东的权利。股东是股份公司或有限责任公司中持有股份权的人，即公司的出资人或投资人。股东有权出席股东大会并有表决权。

从主体上看，股东可分为机构股东和个人股东。机构股东指享有股东权的法人和其他组织，包括各类公司、各类全民和集体所有制企业、各类非营利法人和基金等机构和组织。个人股东指的是一般的自然人股东。

为了更利于公司发展，自然人股东通常要具备这些条件：第一，理念相同，同舟共济；第二，资源互补、优势互补，取长补短；第三，各自能独当一面，共同撑起公司；第四，互相信任，可相互托付。

（2）股东资格的获得

合法取得股东资格的方式主要有两种：第一，原始取得股东资格，即通过在公司设立时缴纳出资或公司增加注册资本时认购增资成为股东；第二，继受取得股东资格，即在公司成立后通过股权转让、赠与或其他方式取得股权。

以上为股东资格获得的常见方式，但也有例外情况。如果公司章程对此有特殊规定，比如约定，取得股东资格要经过一定程序后才能最终确定，那么就要遵从章程的约定。

（3）法律规定的股东会职权

股东大会是公司的最高权力机关。股东会由股东选举产生，成员从公司股东中产生，拥有重大事项的决策权，是公司对企业行使财产管理权的机构，有权任命和解聘董事。公司的所有重大人事任免和重大经营决策都必须得到股东会的认可和批准，否则不能生效。

《公司法》第三十七条规定，股东会行使下列职权：第一，决定公司的经营方针和投资计划；第二，选举和更换非由职工代表担任的董事、监事，决定有关董事、监事的报酬事项；第三，审议批准董事会的报告；第四，审议批准监事会或者监事的报告；第五，审议批准公司的年度财务预算方案、决算方案；第六，审议批准公司的利润分配方案和弥补亏损方案；第七，对公司增加或者减少注册资本作出决议；第八，对发行公司债券作出决议；第九，对公司合并、分立、解散、清算或者变更公司形式作出决议；第十，修改公司章程；第十一，公司章程规定的其他职权。

（4）股东权利的转让

股东不可以退股，手中股权只可以进行转让。股东权利随着股权的转让而同时转让，股东权利主要包括：第一，发给股票或其他股权证明请求权；第二，股份转让权；第三，股息红利分配请求权；第四，股东会临时召集请求权或自行召集权；第五，出席股东会并行使表决权；第六，对公司财务的监督检查权；第七，公司章程和股东大会记录的查阅权；第八，股东优先认购权；第九，公司剩余财产分配权；第十，股东权利损害救济权；第十一，公司重整申请权；第十二，对公司经营的建议与质询权等。

上述股东权利随着股权的转让而同时转让，不可分开转让。

2. 股权激励中的法律问题

公司实施股权激励，不仅涉及企业管理和财务问题，还涉及法律层面的问题。

股权激励通常有三种形式（见表 4–1）：

表 4–1　股权激励的形式

形式	内容
现股激励	参照公司股票当前的市场价格确定价值进行激励的股权。
期股激励	约定当事人在将来某一时期内以某种方式（购买或赠送）获得一定数量的股权。
期权激励	当事人在将来某一时期内以某种方式（购买或赠送）获得一定数量股权的权利，当事人可以行使或放弃这个权利。

进行股权激励，要注意以下法律风险的防范。

第一，股权奖励需注意工商登记变更问题。我国以工商登记资料中的记载作为确认股东出资人地位的法定依据，因此，如果工商登记资料中对于股东的出资信息没有记载，则表示在法律层面并不认可其“股东”地位，相应的股东权益也就不受法律保护。

股权激励双方签署协议，并不等于激励对象就成了股东，还需要公司在工商登记中进行记载，进行变更，这样才能正式确定当事人的合法股东身份。

第二，公司进行股权激励要经过股东同意。股权属于股东的财产权，而非公司的财产。因此，公司（同股东不是一个概念）进行股权激励，首先要取得现有股东的许可，而不可擅自作出决定。

第三，明确股权激励的“退出机制”。股权激励的目的是激发员工积极性，提高其忠诚度和战斗力，如果被激励人没有达到公司预定的激励目标，则股东有权收回股权，这一点需要做好约定。

公司在制订股权激励计划时要明确提出被激励人失去股权的条件。如果股权激励采取的是实际股权出让的方式，那么激励对象是可以获得公司股东出资人地位的。在这种情况下，可提前约定好如果达不到设定的目标或者被激励人退出公司，则需将股权无偿或者按照一定价格由出资人回购，以确保出资人对公司享有绝对的控制权。

3. 股权设计中的税务问题

《圣经》有言：“死亡和税收，是人生不可避免的两件事情。”税收问题确实是每一家企业都无法回避的，税费是企业必须支付的一种费用。企业股权设计中的投资入股、股权分配、股权激励以及股权转让等行为，也会涉及税务和税收的问题。

（1）股权投资中的涉税问题

股权投资涉及的税费主要有营业税、印花税、企业所得税和个人所得税等，不同类型企业的股权投资税收政策也不尽相同（见表 4–2）。

表 4–2　不同主体股权投资收入的税收政策

股权投资主体	股权投资税收政策
有限责任公司及股份有限公司	股权投资收益应按照我国《企业所得税法》及其实施条例的有关规定缴纳企业所得税，企业所得税的法定税率为 25%。
个人独资企业及合伙制企业	对外股权投资收回的利息或者股息、红利，不并入企业收入，应单独作为投资者个人取得的利息、股息、红利所得，按“利息、股息、红利所得”应税项目计算缴纳个人所得税，适用税率为 20%。

续表

股权投资主体	股权投资税收政策
有限合伙企业	合伙企业以每一个合伙人为纳税义务人。合伙人是自然人的，缴纳个人所得税；合伙人是法人和其他组织的，缴纳企业所得税。
个人	个人取得股息红利及股权转让所得收入，应按我国《个人所得税法》及其实施条例的有关规定缴纳个人所得税，税率为20%。

（2）股权激励中的涉税问题

通过股权激励方式取得的股权，也需要交税。通常，企业内部员工个人取得的股权应按公允价值来作为计税成本。

也有例外情况，根据《国家税务总局关于促进科技成果转化有关个人所得税问题的通知》（国税发〔1999〕125号）规定："科研机构、高等学校转化职务科技成果以股份或出资比例等股权形式给予科技人员个人奖励，经主管税务机关审核后，暂不征收个人所得税。"但如果上述人员转让股权、出资比例的话，则要对其"财产转让所得"应税项目征收个人所得税。

（3）赠予股权的涉税问题

接受捐赠所得的股权需缴纳个人所得税，但也有两个例外情况。

第一，如果个人将股权捐赠给父母、子女、配偶、兄弟、姐妹、孙子女、外孙子女、祖父母、外祖父母，或捐赠给对其承担直接抚养或者赡养义务的抚养人或者赡养人，或者股权所有人死亡，依法取得股权的法定继承人、遗嘱继承人或者受遗赠人，这些情况下的捐赠所得股权，无须缴纳个人所得税。

第二，在企业股权分配改革中，非流通股股东通过对价的方式，向流通股股东支付的股份、现金等收入，也是免征个人所得税的。

（4）个人股权转让中的涉税问题

根据《国家税务总局关于纳税人收回转让的股权征收个人所得税问题

的批复》（国税函〔2005〕130 号）规定：“……股权转让合同履行完毕、股权已作变更登记，且所得已经实现的，转让人取得的股权转让收入应当依法缴纳个人所得税。转让行为结束后，当事人双方签订并执行解除原股权转让合同、退回股权的协议，是另一次股权转让行为，对前次转让行为征收的个人所得税款不予退回。二、股权转让合同未履行完毕，因执行仲裁委员会作出的解除股权转让合同及补充协议的裁决、停止执行原股权转让合同，并原价收回已转让股权的，由于其股权转让行为尚未完成、收入未完全实现，随着股权转让关系的解除，股权收益不复存在，根据个人所得税法和征管法的有关规定，以及从行政行为合理性原则出发，纳税人不应缴纳个人所得税。”

个人转让股权时，纳税人或扣缴义务人应到发生股权变更企业所在地地税机关（主管税务机关）办理申报和税款入库手续。

（5）股权设计中税务筹划问题

税收当然是无可避免的，但是现实中一些企业面对税收时，会采取各种措施，或合法的，或非法的，或是游离于合法非法之间来减少税务支出。有人说，野蛮者抗税，愚昧者偷税，糊涂者漏税，狡猾者骗税，机敏者避税，精明者节税，真正聪明者会进行税务筹划。企业股权涉及的税收也可以进行有效筹划，以达到合理避税的目的。

【案例】

股权投资中的税务筹划

一家客户公司计划出资成立一家全资子公司，预计 2018 年将实现投资收益 5000 万元，按照 25% 企业所得税比率，需要缴纳企业所得税 1250 万元。

为了降低税务成本，该公司在税收洼地设立了子公司。根据该子公司的经营范围，可享受到当地的税收优惠政策，最后再由该子公司对某法人股东通过免税股息分红的方式使其股东享受优惠。

通过这种筹划，该公司的股权投资涉及的企业所得税预计将会降低 15%。

4. 婚姻因素导致的股权风险防范

创业公司的组织形态主要是合伙制企业和有限责任公司，具有明显的人合性。而合伙人（股东）的婚姻、家庭具有不确定性，这些不确定因素既有可能冲击人合性，也有可能对创业公司的正常发展产生障碍。

因婚变或其他家事因素造成的公司股权非正常分割，对公司、持股个人带来的风险和不利后果，不仅对股权持有一方的股权收益造成巨大冲击，同时也容易导致标的公司控制权变动，影响标的公司的稳定经营。

婚姻因素对股权的影响主要表现在两个层面。

（1）事实上的夫妻股东

实践中，许多民营企业创业之初多为夫妻二人共同打天下，因此公司名义上也为夫妻共同所有，二人都是公司股东。另外，《公司法》规定有限责任公司必须符合“2 人以上 50 人以下”的股东数量要求，一些创业者为了满足这一强制性要求，同时又出于信任等问题的考虑，通常就将公司注册为夫妻双人股东制，而公司实质上却是由一人出资、经营。

这种股东结构在夫妻婚姻关系正常存续期间具有很大优势，股东意见比较容易统一，很少会出现矛盾和经营管理上的意见分歧。

夫妻股东制的风险主要体现在公司债权人要求偿还债务和夫妻离婚诉讼两种情况。首先，夫妻股东对公司债务要承担连带责任，也就是说，家庭财产也可能会被拿来追偿，用以偿还公司债务。所以，一旦公司经营不利，出现较大负债时，将会极大地冲击家庭生活。其次，一旦出现夫妻离婚诉讼，将会导致公司股东事实上的分裂，如果离婚后夫妻二人具有理性经济人思维，情况往往还不至于太差，否则如果离婚后的两名独立股东长期处于对峙、博弈的矛盾状态，那么将会对公司发展产生严重阻碍。

因此，如果夫妻双方都是公司股东，在进行投资之前，最好先采用法定方式将共同财产予以分割，让它成为各自拥有的财产之后再进行投资。

（2）股权作为夫妻共同财产

《民法典》规定，实行夫妻财产共同所有制，除双方有特别约定和其他例外情形外，夫妻关系存续期间的所有财产都是共同共有，这里面当然也包括股权。因此，当公司某一股东离婚时，相应地其股权就会被稀释，其原配偶就可能会成为公司新的股东，而离婚夫妇间往往存在诸多矛盾，极有可能会打破股东间的和谐氛围。

【案例】

土豆网创始人夫妻股权纠纷

2005 年 1 月，王微个人出资 100 万元开始创业。当年 4 月，王微打造的视频网站土豆网正式上线。

此后 5 年间，土豆网先后进行了五轮融资，融资金额近 1.35 亿美元。与此同时，创始人王微的股权也被大幅度稀释。截至 2010 年 3 月，身为土豆网董事会主席兼 CEO 的王微持股比例仅为 13.4%。

在此期间，王微和妻子杨蕾维持了将近三年的婚史。杨蕾尽管不是土豆网的创始人，也非公司股东，但由于土豆网的快速发展都是在二人婚姻关系存续期间，所以王微所持有的土豆网股权当然也是二人的夫妻共同财产。

2010 年 3 月，王微和杨蕾由于性格不合选择离婚，当时上海徐汇区法院仅对二人进行了调解离婚，但并未对夫妻共同财产做出分割。

2010 年 11 月，土豆网在加紧布局上市事宜时，王微前妻杨蕾突然向法院起诉，主张分割当时的夫妻共同财产，法院于是保全冻结了王微所持土豆网的主要股份，即将 IPO 的土豆网被迫暂停上市进程。

由于离婚官司的干扰，土豆网错失最佳上市时机，给公司所有股东都造成了不可挽回的损失。

土豆网创始人夫妻间的股权纠纷甚至催生了一条公司股权安排中的“土

豆条款”。它不仅仅是用来保障公司创始人的利益，更是用来保障外部投资者的利益。

在实操中，股权律师通常这样设计“土豆条款”：本人为________的配偶，本人确认对________持有的__________公司股权不享有任何权益（前者为公司的创始股东），且保证不就公司的股权提出任何主张。本人进一步认可，__________履行股权投资相关文件的签署及修订、终止并不需要本人另行授权或同意。作为__________的配偶，本人承诺将无任何条件配合相关必要文件的签署。

公司股权分割的前提，须该股权属于夫妻共同财产，根据相关法规，公司股权归入夫妻共同财产的界定规则如下。

归属夫妻共同财产的股权类别主要有：（1）婚后个人出资形成的公司股权；（2）婚后以夫妻共同财产出资形成的公司股权；（3）婚前个人持股，婚后增资形成的公司股权；（4）夫妻双方采用约定财产制，明确约定为夫妻共同财产的公司股权。

归属夫妻一方财产的股权类别主要有：（1）婚前一方个人出资形成的公司股权；（2）具有特殊个人人身性的公司股权，如内部职工流通股、村民股权等，有地方高院出台司法意见，认为应认定为个人财产或须具体审查；（3）夫妻双方采用约定财产制，明确约定为夫妻一方所有的公司股权。

在婚姻家事领域，经由针对性的事先资产规划及设计，能够有效地防范前述公司股权分割的风险。实践中，为了避免股东婚变而损害公司创始人、投资人利益，可酌情作出如下设计。

第一，做好婚前、婚内财产约定。公司创始人可以考虑同配偶签订婚前协议，明确婚前财产的范围，确立双方婚后财产的使用方法以及采用夫妻财产共同所有制还是个人所有制，确定双方在家庭生活中的义务以及保障相关公司、股东、投资人的权益。

为增强协议的公信力，当事人夫妻双方最好在投资人的见证或公证处的公证下，商量签署婚内财产约定归属事宜。

需要补充的是，对于夫妻一方婚前出资注册的公司，婚后如果没有对财产归属作出约定，依据《最高人民法院关于适用〈中华人民共和国婚姻法〉若干问题的解释（三）》第五条的规定，即“夫妻一方个人财产在婚后产生的收益，除孳息和自然增值外，应认定为夫妻共同财产”。也就是说，由夫妻一方注册公司股权产生的分红，另一方仍然有权分割份额归其所有。因此，夫妻双方作出明确的婚内财产约定就显得非常重要。

第二，在公司章程层面作出规定。公司章程是公司股东共同一致的意思表示，是公司的宪章，对股东、董事、监事及经理等高级管理人员具有法律约束力，而公司创始人的婚姻关系是否稳定就成了保持公司健康稳定发展的重要前提条件。

因此，可在公司章程中作出明确规定，即创始人的股权系其个人财产出资，所有收益都归其自己所有，其配偶放弃所有权益包括分红权和剩余财产分配权等，同时由其配偶出具声明。

第三，完善公司治理结构。尽可能完善公司治理结构，可以使公司法人与企业家分别成为两个独立的法律主体，各自以自己的名义独立参与民事活动，享受权利和承担义务，避免公司法人财产与创始人个人财产混同。

这样，当公司创始人面临离婚纠纷时，公司就可以独立于创始人夫妻双方之外，作为第三方民事主体，站在自己的角度维护自身的合法权益。

5. 股权代持的风险及规避

股权代持，是指实际出资人（被代持人）与名义出资人（代持人）之间以协议或其他形式约定，由名义股东以个人名义代理实际出资人履行股东权利义务，由实际出资人履行出资义务并享有投资权益的一种股权或股份处置方式，又称委托持股、隐名持股、股权挂靠。

在实践中，代持人又被称为显名股东，实际出资人被称为隐名股东。股权代持通常是由以下几种情况所致。

第一，法律规定的某些特定身份或职业主体不能成为公司股东的。例如，

《公务员法》《人民警察法》《证券法》等规定公务员、警察、证券公司从业人员等不能成为股东，这些人员如果投资入股有限责任公司或股份有限公司，就会以股权代持的形式进行。

第二，我国法律明确规定外资在某些行业是受限制或者禁止的。也就是说，外国自然人或外国法人要想进入某些行业领域成为股东，也需要借助股权代持的形式。

第三，《公司法》对股东人数的上限有规定，公司股东为了规避这些规定往往会采取股权代持的方式将股权集中在某一个或几个人的手中。例如，目前非常火的股权众筹投资，为了突破“有限责任公司股东不能超过 50 人、股份有限公司股东不能超过 200 人”的上限，投资者通常就通过委托众筹平台或其他股东来代持股权。

第四，创业公司出于减少因股东离职而造成的频繁股权变更，便由部分管理人员代持股份，从而有利于提高决策效率，减少股权变更的麻烦。

第五，股权代持还有可能是利益输送的一种隐蔽方式，如股权行贿等行为。

关于股权代持的法律效力，《最高人民法院关于适用〈中华人民共和国公司法〉若干问题的规定（三）》第二十四条第一款规定：“有限责任公司的实际出资人与名义出资人订立合同，约定由实际出资人出资并享有投资权益，以名义出资人为名义股东，实际出资人与名义股东对该合同效力发生争议的，如无合同法第五十二条规定的情形，人民法院应当认定该合同有效。”由这项规定可以看出，除了特定身份主体入股、股权行贿等违反法律、行政法规强制性规定情形之外，我国从法律层面已经正式肯定了股权代持的法律效力。当然，合法并不意味着没有风险，股权代持的风险主要表现在以下两个方面。

（1）隐名股东（实际出资人）风险

隐名股东的风险主要取决于显名股东（被委托人）是否靠谱，风险主要有这样几种情形。

① 显名股东不按约定移交投资收益。

隐名股东投资的目的显然是获取投资收益，因而在股权代持协议中也会有关于投资收益移交的相关约定。在实际操作中，显名股东可能会出于种种因素而不履行约定，拒不移交隐名股东的投资收益。

② 显名股东擅自处理代持股权。

从名义上看，显名股东作为法律文件登记上的实际股权持有人，是可以对外行使所持有股权的相关权利的。但就私下约定而言，显名股东应当对隐名股东负责，特别是对代持股权的处分应事先征得隐名股东的许可。但由于股权代持协议多是不公开的，因此，显名股东利用自身职务之便，是有可能擅自对所代持股份进行转让、质押而谋取利益的，此时隐名股东的利益就无法得到有效保障。

③ 未经许可滥用股东权利。

根据我国法律规定，公司股东权利主要表现在股份转让权、资产收益权、股东会临时召集请求权、参与重大决策权和选择管理者的权利、公司剩余财产分配权等方面，这些权利在某种程度上能够左右公司的控制权。如果显名股东在未经许可的情况下滥用代持部分股权的上述权利谋取一己私利的话，显然会给公司其他股东的正常利益造成损害，当然也包括隐名股东的利益。

④ 隐名股东身份不被认可的风险。

前文提到一些不符合法律法规认定的特定人群和职业，如果上述人群铤而走险，通过股权代持的方式成为特定公司的隐名股东，则可能存在代持协议无效、股东身份不被认可的风险。

例如，小刘是某机关公务员，由于《公务员法》规定我国公职人员不得经商或者参与任何企业的入股，不能成为企业股东。但是小刘又想入股朋友老赵的公司，赚取一些投资收益，于是二人就签署了一份股权代持协议，约定由小刘作为实际出资人，小刘的朋友老赵作为这部分股权的代持人。后来，两人因公司发展问题闹了矛盾，小刘想要收回当初的投资，但是老赵却主张当时二人签署的股权代持协议无效，他的理由是小刘作为不适格的投资主体而签订的股权代持协议属于以合法形式掩盖非法目的，违背了法律的基本规定，因而无效。

事实上，由于小刘的身份问题，这种股权代持协议是无效的，一旦股权代持协议被认定无效，那么代持行为基本上也会被认定不存在，除非实际投资人有其他证据能够证明代持关系。

（2）显名股东（受委托人）的风险

在股权代持协议下，显名股东是隐名股东的代理人，这种代理关系可能给显名股东带来的风险主要有以下几个方面。

① 可能成为债务追偿的对象。

隐名股东作为实际出资人并不体现在公司的股东名单中，而显名股东作为代理人对外而言是公司债务的承担者，因此自然会成为外部债权人的追偿对象。

② 事后追偿的风险。

有些情况下，隐名股东可能会对显名股东作出的某些决策、行为不予认可，甚至会要求赔偿。

针对股权代持中可能出现的上述风险，创业者、投资人应提前做好风险预警和风险管理。

第一，了解被投资公司是否有主体资格限制。为了规避相关风险，投资人和代持人都应提前了解被投资公司所处行业对于投资主体是否有资格限制。如果有相关限制，则应谨慎而为；如果强行为之，则此类协议很可能会因违反法律规定而无效。

第二，确保股权代持协议的严谨无误。股权代持协议是能够证明代持双方关系的基础性法律文件，在拟定时务必要引起充分的重视，严格排查协议可能存在的问题，以确保双方的代持关系不存在法律上的漏洞。

第三，对显名股东的行为作出限制。在股权代持关系中，利益最容易受到损害的是隐名股东，因为其股东权利事实上是由显名股东代为行使的。显名股东代持的不仅仅是隐名股东的股份，而且还有代持部分股权所衍生出的其他权益。因此，显名股东作出的每项行为和决定都会直接影响到隐名股东的根本利益，所以对其行为应该在代持协议中作出明确的规定和限制。

第二篇

股权激励：

用明天的钱激励当下的员工

第五章　股权激励：公司发展的核动力

1．实施股权激励的前提

2010 年 1 月 19 日，马云在给员工的一封邮件中写道："我们认为没有所谓最好的薪酬。阿里巴巴永远不会因为竞争对手和行业的做法而加薪，这只会引发恶性竞争和不健康的行业格局。阿里巴巴的薪资水平总体是合理的，有竞争力的。除了合理的基础收入，我们希望所有阿里人能够公平分享公司成长带来的财富，我们仍然实行奖励期权政策，同时各子公司也已开始制订各自的股权激励计划。"在谈到加薪问题时，他的主张是："我们的加薪政策会继续向普通员工倾斜，公司高管把加薪机会留给普通员工。公司副总裁及 P11 以上级人员全部不参与加调薪，M4、M5、P9、P10 只是对于特殊情况调薪，如晋升、历史遗留问题等。"①

马云的邮件，有这样两句话引起了我的注意："我们希望所有阿里人能够公平分享公司成长带来的财富""我们的加薪政策会继续向普通员工倾斜"。这样的老板格局宏阔，心系员工。但是真正实现让所有员工公平分享公司成长带来的成果，不能依靠老板和领导的一时兴起、一时头脑发热，必须有一套规范的分配机制来约束调节。

分配机制是一家公司的核心机制，要由老板和中高层来商定。在制定分配机制之前，相关参与人务必要弄清这些问题：第一，企业价值是什么？第

① 《2010 年马云写给员工的一封信》，https://club.1688.com/threadview/27290201.html.2010-03-06。

二，谁为企业创造了价值？只有价值的创造者才有权利分享企业价值。第三，如何对企业价值作出评估？评估原则要能够反映企业的价值导向和发展战略，换句话说，它会决定企业要求内部价值创造者应该往哪个方向努力。第四，如何分配企业价值？分配的基本原则是兼顾外部公平、内部公平、自我公平。

股权激励是企业根本层面的分配制度变革，只有处理好以上四个问题，才能真正发挥股权激励的作用。

股权激励被誉为公司送给员工的一副“金手铐”，这一比喻形象地说明了股权激励制度对员工既可以产生激励作用，同时也有相应的制约机制。股权激励对企业的影响，从长远来说是积极和正面的，使企业能够更好地吸引并留住核心人力资本，充分刺激和调动员工的积极性和创造力，有效降低企业经营成本，提高企业运营效率和利润。

股权激励对公司原有股东的影响主要表现在以下方面。

第一，股权被稀释。股权和期权授予新员工必然会使得现有股东的股权被稀释，公司原本相对集中的股权也会变得分散，现有股东对公司的控制权会在一定程度上受到削弱。

第二，促使公司走向透明化、民主化。根据《公司法》规定，公司股东不论持股多少，都依法享有资产收益、参与重大决策和选择管理者等权利。具体表现在：股东会表决权，查阅公司章程、文件和财务报告、会计账簿的权利，分红权，以及对其他股东出让股权的优先认购权等诸多权利。

股东数量的增加必然会促使公司经营管理变得越来越规范、透明、民主，现有股东及其代理人对公司的经营管理也会受到必要的监督。

第三，会带来潜在的风险。股权激励带来的是更多的股东、更分散的股权，随之而来的是更复杂的股东背景，他们对公司的经营、发展理念可能存在分歧，股东间由此出现矛盾并引起纠纷的风险会大大增加。

因此，为了充分规避风险，并使股权激励发挥应有的作用，通常要求实施股权激励的企业需具备如下几个条件。

（1）完善的公司治理结构

企业在考虑实施股权激励之前，要分析企业的公司治理结构是否完善，公司股权结构是不是相对清晰，股东是否互相信任、具备团队精神，否则应谨慎进行股权激励。

（2）清晰的公司发展战略

公司应有明确而详细的未来发展战略，且公司现有股东和中高层管理人员对公司战略能够高度一致认可。因为股权激励是一项长期激励，其周期短则三年五年，长则可能十年八年。如果公司不具备清晰的未来发展战略，并将这种战略所能带给员工的预期利益传达给员工且使之深信不疑，那么股权激励将很难奏效。

（3）稳定的组织架构

对普通员工的股权激励有一个基本前提，即企业的组织架构应在一定的时期保持基本稳定。如果企业尚处于发展的初级阶段，组织架构尚不完备，或者处于变革时期，组织将面临重大调整时，则不宜进行股权激励。

（4）具有完善的激励体系

从本质上看，股权激励仍然是员工激励的一种方式，属于长期激励方式。因此，股权激励需要同公司现有的包括薪酬、绩效、奖金、福利等在内的中短期激励进行有效对接，这就要求企业要拥有完善的人力资源管理体系、薪酬体系、福利体系和相应的考核机制。

2. 管理团队股权激励

现代企业职能分工趋势越来越明显，老板（股东）拥有企业的所有权，外聘的管理团队负责公司的日常经营，这就是现代企业治理的两权分立。这种委托代理关系本质上仍是一种雇佣关系，管理团队属高级经理人，扮演的不过是高级打工者的角色。这种关系下，老板和经理人之间存在着一种天然的矛盾，老板最大的担忧是经理人不能像自己一样对公司尽心尽力，倾注全部心血。老板的担心不无道理，企业经营上委托代理关系通常会带来两大问题。

首先，会导致信息不对称。伴随着管理团队的介入，老板就退出了企业经营一线和管理实践，进而就无法即时掌握来自企业一线的关键信息，也无法根据企业实情作出准确而合理的判断与决策。老板的信息来源主要依靠经理人的汇报，只能依据管理团队提供的二手信息对企业竞争状况进行总体评判。

由于诉求不一致，管理团队往往会站在自己的立场有选择性地对老板进行汇报，或者为了达到某种目的而提供歪曲性的信息。

其次，会带来契约不完全。老板和管理团队的委托代理制建立在委托契约之上，而契约再完美、再详尽，也不可能将所有在未来委托合作中可能出现的未尽事宜和突发情况都囊括在内。因此，即使管理团队在委托代理过程中出现一些失误，老板可能也无法完全按照契约去追究其责任。

基于以上问题，委托代理制很可能会给老板带来一些不可控的风险，而管理团队为了规避风险、避免过错，也会有意无意地抱着“不求有功但求无过”的心态，顺利履行完合同约定的期限，一旦合约到期就另谋出路。

更为严重的是，管理团队为了给老板提交一份短期的满意答卷，往往会大力主导一些见效快的项目，对一些契约规定之外的事项或企业战略规划就会睁一只眼闭一只眼，从而错失战机。更有一些人，利用自身职务之便，对老板行欺瞒之事，损害公司利益。

如何化解这种矛盾呢？最佳方案是对管理团队进行长期激励，即股权绑定，使老板、公司、经理人的利益合而为一，避免出现伤害企业的短期性行为。

（1）直接给股权

给予管理团队股权是最简单直接的激励方式，主要操作方式有：

① 从预留的期权池中，拿出一部分股权给予管理团队。

② 老板（大股东）将个人股份以优惠价格转让给管理团队。

③ 管理团队作为新进股东以优惠价格对公司进行增资。

直接给予股权是一种最有效的激励方式，时效也长，将管理团队由打工者变身为公司所有者，利于公司长远发展。

（2）间接持股

老板（股东）另外成立持股平台（公司），由持股平台对目标公司进行持股，这样就可以在新的持股平台层面，对目标公司管理团队进行股权激励。企业的实际控制人可以通过适当的股权设置，以51%股权控制该平台，进而间接达到控股目标公司的目的。对于控股权之外的数额，可以酌情对管理团队进行股权激励。

（3）股权代持

股权代持多发生在初创公司。公司创立时，经理人也会出资购买公司的部分股权，这部分股权由公司的实际控制人（创始人、大股东）与之签订《股权代持协议》，约定股份占有比例，而不在公司工商登记信息明示。

2011年通过的《最高人民法院关于适用〈中华人民共和国公司法〉若干问题的规定（三）》，对于这种股权代持关系的合法性予以了肯定，保障了被代持方的合法权益。当然，由于被代持股东并未位列股东名册，也就不能通过股东大会来行使股权。

根据《公司法》规定，被代持的实际股东只有经过其他半数以上股东的同意，才能变身为公司的工商登记股东，享有股东的全部权益。

3. 骨干员工股权激励

公司股权激励的核心，在于将对人力资本价值的重视提高到空前的高度，实现从经营产品到经营人才的思维转变，通过股权来实现公司和骨干员工的绑定，条件具备的公司可将股权激励的对象由核心团队扩展至骨干、核心员工。

案例

晋商乔致庸的“身股制改革”

电视剧《乔家大院》是根据真人真事改编的历史剧，描写的是一代晋商乔致庸弃儒经商闯天下的奋斗历程。

乔致庸旗下的复字号，有一个特别能干的伙计名叫马荀。一天，马荀突然向东家递交辞呈，乔致庸看其是个人才，不愿放他走，又不明就里，于是就请教师爷孙茂才。

孙茂才的一番解释让乔致庸豁然开朗。原来，学徒进入商号一般要经过四年的学习、历练，方可出师。让东家们头疼不已的是，学徒出师后一般都会选择离开，尤其是那些才干突出者，他们要么由于不满待遇而自行辞职，要么被其他掌柜高薪挖走。所以，票号人才流失在当时是一个相当普遍的问题，东家尽管不情愿，却也无可奈何。

乔致庸惜才，为了挽留马荀，就设宴款待。在饭桌旁，面对东家的邀请，马荀不肯落座，他称：“这是店里的规矩，掌柜们吃饭，伙计们都得站着。”这一细节让乔致庸更加欣赏马荀的人品，但也说明了伙计与东家之间的尊卑关系。

酒桌上，马荀借用《史记·货殖列传》中的“天下熙熙，皆为利来”道出了自己想要离开的真正原因。他解释说徒弟出师后往往都要离开，因为别的掌柜给的薪酬更高，同时他也提出了掌柜很少辞号的两个理由：一是掌柜的薪酬很高，一人能顶上十几个甚至几十个伙计的收入；二是掌柜有身股，可以拿到丰厚的红利。

马荀很是憧憬地说，如果自己也能得到这些银子和分红，那么一家老小的吃喝用度就不用再发愁了，还能买房置地。

了解内情后，乔致庸作出了一项破天荒的规定：今后学徒满四年出师后，愿意留下做伙计的，一律给予一厘身股。如果相应账期的分红总计 1000 两的话，那么一厘身股可以得到 100 两银子的分红。

此招一出，马荀的辞职风波得到彻底化解，还稳定了其他伙计和学徒的心，彻底留住了人才，得到身股的伙计们无不为东家的生意殚精竭虑。此后，乔家的买卖愈加蒸蒸日上，这是与东家的分股、伙计的齐心分不开的。

乔致庸通过身股制改革，实现了同伙计们的利益捆绑，保证了伙计的忠诚，从根本上避免了优秀人才流失的问题。

企业之间的竞争，从某种程度上讲，就是一场人才争夺战。抢夺人才最彻底的方式就是进行股权捆绑。

李彦宏创业前，在美国就是一个公认的技术高手。1999 年，李彦宏拿到第一笔 120 万美元的风险投资后，所做的第一件事就是网罗国内各领域的顶尖人才加入自己的团队。他先后邀请国内第一款搜索引擎——北大天网的研发者刘建国、用友公司原副总裁朱洪波、普华永道的亚洲区合伙人王湛生、凤凰卫视的著名节目主持人梁冬加入自己的高管团队，这些高管不仅有高薪，而且有股权。

再看蔡崇信，他原是瑞典银瑞达集团的副总裁，当时从香港飞赴杭州会见马云，原本是为了投资阿里巴巴，而在和马云深入交谈了一番后，这个拥有耶鲁大学经济学学士学位、耶鲁法学院法学博士学位的人，竟作出了一个让人感觉很疯狂的决定——他要放弃 70 万美元的年薪和副总裁的职位，加盟阿里巴巴，拿 500 元月薪。我们知道这只是让人津津乐道的表面现象，事实上，马云给予了蔡崇信丰厚的股权许诺。截止到 2016 年 3 月 31 日，经过无数轮稀释后，蔡崇信在阿里巴巴的持股比例依然有 3.2%，从绝对值上看不是很高，但乘以阿里巴巴的天价市值，那就是一个天文数字了。

这些企业都不是做大做强之后才开始做股权激励的，恰恰相反，他们是通过股权激励一步步将企业做大，通过股权赋能，留下了核心的顶尖人才，从根源上避免了“走了人才，留下庸才”。

赚小钱靠个人，成大业要靠团队。企业股权激励的核心出发点在于将老板个人梦想转化为核心团队和骨干员工的梦想，大家才能同舟共济，为共同的梦想而战。

4. 全员持股，全员分红

华为实施的是全员持股制，这让员工的人力资本同企业的命运紧密关联起来，形成良性互动、良性循环。员工获得股权，参与公司发展，享受公司分红，实现了公司发展和个人财富增值的双重成长。

华为的员工持股制，在公司制度层面受到保护。《华为基本法》中有这样的条款：华为主张在顾客、员工与合作者之间结成利益共同体。努力探索按生产要素分配的内部动力机制。利用股权的安排，形成公司的中坚力量和保持对公司的有效控制，使公司可持续成长。我们实行员工持股制度。一方面，普惠认同华为的模范员工，结成公司与员工的利益及命运共同体。另一方面，将不断地使最有责任心与才能的人进入公司的中坚层。我们实行按劳分配与按资分配相结合的分配方式。

事实证明，全员持股是华为获得可持续发展和巨大成功的最主要原因。

股权激励是企业激励的高级阶段，直接给员工分股份，也是衡量老板格局和胸怀的最高准绳。完善的股权激励机制是实现企业家经营梦想的终极王牌，它是让员工发自内心地忠诚奉献、主动承担责任的真正动力源头。

有的企业在正常的薪酬之外，推行全员分红制，分酬按劳，分红则按利润。其中，薪酬是企业人力成本的组成部分，而红利则是经营的税后利润。全员分红则是企业从经营红利中酌情提取一部分，结合绩效考核，按比例奖励到每一个员工身上。华为的全员持股也并非真正意义上的持股，本质上也是一种全员分红制度。既然是全员分红，就要覆盖到企业所有成员，哪怕是扫地的员工也不要遗漏。

全员分红能够从人性的角度根本性地解决企业运营管理的诸多难题。

第一，借分配制度解决人力资源难题。企业人力资源管理都会面临引人、考勤、绩效、贡献界定、团队配合、工龄评估、劳动关系稳定的难题，如果在这些领域中导入分红要素，则会让上述难题迎刃而解。

第二，让员工自动自发，为自己的利益而战。世界是物质的，人首先也是物质的。全员分红机制能够彻底调动员工积极性，实现自动自发，打造自动运转的组织，真正实现以人为本，全员发展，全员获利。

第三，激发起全员的“节约、创收”意识。全员分红多是基于企业利润，或是利润的增加额。有了利润，才能谈得上分红，从而充分调动全体员工的创收意识、利润意识、节约意识。这恰恰是员工主人翁精神的最佳表现，传统的企业教育手段难以培养这种意识，而全员分红制则能够“无心插柳柳成荫”。

全员分红制，鼓励多劳者多得、多创收者多得、多创利者多得、多节约者多得。这种机制下，老板不用再挖空心思去讲什么大道理，物质（分红）会决定员工的意识和行为。

第四，有效解决企业运营的一些难题。在不同时期，发展的不同阶段，企业会遇到不同的难题和麻烦，如人力资源紧缺的问题、营销的问题、利润的问题、研发的问题、销售的问题。针对各个阶段的具体难题，可将之同全员分红的考核机制结合起来，作为重点的考核因素，加大激励筹码，实现重点攻关。通俗来讲，就是老板最在乎哪个板块、哪个环节、哪个问题，那么就加大它们在分红考核中的分量和筹码，以实现“重赏之下必有勇夫”之效应。

聪明的老板懂得，全员分红不是在割自己的肉，而是在割企业增量的肉，他们深知“有了永远的利益才有永远稳固的劳动关系”，自己能够让多少人占便宜，就会有多少人死心塌地跟自己走。

再介绍两种能充分激发员工正能量的全员分配制度。

（1）增加式分配机制

① 困境：企业业绩徘徊不前，很难提升，老板干着急，员工不上心。

② 原理：员工付出正常努力只能收获正常收入，如果付出超长努力，则可获得超额回报。

③ 实操：设定一个任务基数，超出基数的部分，按一定比例提取给员工。

④ 备注：

· 分成给员工的部分，占超出部分纯利润的比例越高，越能激发员工积极性和干劲儿；

· 最好是每天分配，当然是财务记录层面的；

· 此机制适合所有企业；

· 老板必须心胸开阔，要具有大格局，敢于分钱。

（2）减少式分配机制

① 困境：企业运营成本居高不下。每个人只关心自己的一亩三分地，对整个企业组织的责任心缺位。

② 原理：用分配机制来提升运营效率，降低成本，末位淘汰。企业里面，缺的不是人才，而是出人才的机制。

③ 实操：

· 设定一个成本基数，将每月成本降低部分，拿出一定比例分配给当事人。

· 就某一部门、某一项目组定下一个人员基数，让其内部优胜劣汰，把省下的淘汰人员底薪，提取一定比例分配给留下的人员。

· 对于初创公司，设定一个收支平衡的时间表，然后把少亏损部分，按一定比例分配给团队。

④ 备注：

· 成本降低部分应拿出至少一半用来激励员工；

· 此机制适合所有企业。

第六章　激励实操：股权激励的“六定”要略

1. 确定股权激励的类别

非上市公司进行股权激励时所受法律约束较小，灵活性较大，主要的激励方式有如下几种。

（1）身股（分红股）

身股和银股是民间概念，不是现代意义上的法律概念，出自历史上的晋商模式，即“出资者为银股，出力者为身股”。

身股，也被称为顶身股，是晋商对股份制的一个特殊创造，目的是给不出资的优秀员工一定的股份，使其参与商号的经营、管理和分红。身股制被誉为“封建时代最先进的物质激励方式”。

据记载，原晋商伙计获得身股的轨迹和条件是：“一个小伙计入号，先得当三年学徒，做一些侍候掌柜之类的粗活，闲暇学习打算盘、练毛笔字，字号光管饭，不给工钱。满徒后，按月发给薪资，但还顶不上身股。起码等三个账期以后（大约需要十年），工作勤勤恳恳，没有出现重大过失，经掌柜向东家推荐，各股东认可，才可以顶身股。”

可见，要获得身股，需要很高的门槛，只有极少数非常优秀的员工才能得到。不过，身股的激励效应是巨大的。“伙计的身股从一二厘顶起，慢慢逐步增加。每次增加的身股，记入‘万金账’，予以确认。能顶到七八厘，就可能被提拔为三掌柜、二掌柜，就有了大出息。因此，在祁太平一带有谚语流行说：‘做官的人了阁，不如在茶票庄当了客。’可见当时身股有多大的诱惑力！”

身股的形式，也被常常用于现代企业的员工激励中。身股拥有一般股份的分红权，但不具有继承、转让和表决权，因此有时也被称为分红股，又称为技术股、在职股。

（2）银股（资金股）

银股，享有分红权、转让权、继承权和表决权。银股所有者是公司股东，是实际的掌控者，基本等同于现代工商注册中的股份（资金股）。

资金股是指投资人根据其出资（货币、实物、无形资产）而享有的股东权益。《公司法》第四条规定公司股东依法享有资产权益、参与重大决策和选择管理者等权利。其法律特征为：第一，分红权和公司剩余财产分配权；第二，重大决策权；第三，以出资额为限承担财产责任。

（3）股票期权

股票期权是一种可期待的选择权，可以在不确定的市场中实现预期收益，企业不会为此支付现金，能够降低激励成本，且激励效果较好，同时可以增加公司注册资本，加快公司实现短期经营目标。但该模式的最大弊端是容易造成股权分散，导致公司决策效率降低，企业价值减损。股票期权的激励效果也不具有持久性，一旦员工行权成为股东，便无从限制和约束。

股票期权主要适用于初始资本投入较少，资本增值较快，且在资本增值过程中人力资本增值明显的初创型、高新型公司。进行股票期权激励时，需明确以下细节。

第一，定时间。这里有两个时间，其一是公司进行期权激励的开始时间。通常，公司在创业起步阶段就可以启动期权激励。其二是期权股的禁售时间，一般不短于 2 年，不长于 10 年。

第二，定人员。期权激励应根据企业发展阶段分梯次覆盖不同层级的人员。在公司发展起步阶段，期权激励的范围应限于核心合伙人和高管团队；在公司发展的上升阶段，可将管理团队和骨干员工纳入激励范围；在公司发展成熟阶段，可将全员期权激励作为选择方向。

总之，应该把握的基本原则是：梯次进行，逐步推进，不断磨合，形成示范效应。

第三，定数量。公司留出用来激励的期权池，一般应在 15% 左右，最低不低于 10%，最高不高于 30%。

第四，定价格。期权股尽量不要免费发放，否则员工会认为期权股不值钱，得来的太容易，也不够重视。我的建议是，员工必须掏钱购买期权股，哪怕是象征性地掏一些钱。

（4）虚拟股票

虚拟股票，顾名思义，并非实际认购或持有公司股票，只是获取企业未来分红权的凭证或权利。因此，虚拟股票的发放不影响公司的股本结构。虚拟股票具有内在约束力和激励性，持有者需努力工作并创收，使企业盈利不断增加，方可获得更多收益。

虚拟股票比较适合于增长较快、现金流较充裕的公司。

2. 确定股权激励的对象

由于非上市公司的股权激励对象不受法律约束，所以董事会在确定股权激励范围的时候可以相对灵活，大致范围可以包括：董事会成员、总裁、副总裁、财务负责人；中高层管理人员、核心技术人员、优秀员工。在人员资格选择方面一般是选择长期为公司服务的忠诚者、对公司有特殊贡献或公司特别引进的人才。

根据“二八原则”，企业员工中大概有 20% 的人创造了 80% 的利润。那么，股权作为企业的重要稀缺资源，应该优先去激励那些对企业作出重大贡献的优秀人才。

对员工的股权激励，务必要设定门槛，确定合理的配股标准。

（1）股权激励的四类对象

员工股东通常有四种类型。

第一种：业绩出色者

业绩（绩效）长期处于所在岗位前列，能为公司带来稳定而持久的收益，这类员工就要用股权激励的方式同公司进行捆绑，避免人员流失。

第二种：骨干员工

能够辅助老板或总经理，负责公司某个板块的全面工作，独当一面，是公司的骨干和中流砥柱，要通过股权激励将他们牢固捆绑在公司战车上。

第三类：能够独当一面

在公司整体运营层面上，他们能够起主导作用，对公司决策和未来发展能够产生巨大影响。这类人员如果不能成为公司合伙人或股东，一旦他们被竞争对手挖走，对公司而言，将是重大的人力资源损失。

第四类：拥有核心能力

这类人员具备独立操盘公司的能力，是公司经理人的后备人选，属稀缺人才。他们有的具备核心能力，如小米公司的 7 个合伙人，平均年龄 42 岁，在各自领域经验极其丰富，分别来自金山、谷歌、摩托罗拉、微软等知名企业，有本土高水平人士，有海归精英，土洋结合，理念一致，充满创业热情。有的具备核心资源，如阿里巴巴的蔡崇信，因其在投融资领域具有专业背景和丰富的人脉资源，能将这些资源成功嫁接到企业。再如柳青，曾做到高盛亚洲董事总经理，而且她是柳传志的女儿，在国内企业界和投资界拥有优质的人脉资源，因此被吸纳为滴滴出行的合伙人，并担任总裁职务。

对员工进行股权激励，具体可根据以上标准来确定员工入股的层级。

（2）员工股权激励基本考核标准

要根据以下要素对股权激励对象进行考核。

第一，职位级别。根据公司具体情况，划定员工入股的职级。

第二，岗位价值。员工所在岗位对于公司的重要程度及其能够为公司创造的价值大小。

第三，曾经对公司的贡献。员工以往对公司的贡献是一个重要衡量标准，让对公司作出贡献的员工得到股份是进行股权激励的一大初衷。

第四，本岗位能被取代程度。可替代性强、非稀缺性岗位尽量不要进行股权激励。相反，如果一个员工的工作是其他员工不可替代的，或者是在现有人才市场上很难招聘到的，或者虽然很容易招聘但是培养成本很高，这种情况下应该考虑对相应员工进行股权激励。

第五，难以监督管理的程度。通常，对难以监督管理的岗位，应给予股权激励。道理很简单，这类员工由于存在监管盲点，只能凭其个人主观能动性来积极工作，而难以靠制度进行有效约束，此类员工主观能动力的最佳来源是让其产生主人翁意识，变成公司的主人（股东）。

第六，年龄和工龄要素。这里既要考虑到员工的工作年限，给公司元老一个交代，同时又要考虑员工的年龄，对于即将退休的员工，要慎重进行股权激励。

（3）股权激励对象职业素质考核标准

任何事情，都有其两面性。企业在对员工进行股权激励，给他们提供良好的待遇和经济收入，消除他们的后顾之忧的同时，也需要员工对企业表现出一定的职业素养。

第一，责任感与忠诚度。责任意识强、忠诚度高的员工更应被授以股权，史玉柱用“又红又专”的标准来选人。在他看来，红，指人品好；专，指业务好。

第二，敬业度。随着社会进步，人们的知识背景越来越趋同。学历、文凭已不再是公司挑选员工的首要条件。很多公司考察员工的第一条件就是敬业，其次才是专业水平。

第三，态度积极。不要事事等人交代，一个人只要能自动自发地做好一切，哪怕起点比别人低，也会有很大的发展，自发的人永远受老板欢迎。

第四，勇于负责。勇于承担责任的人，对企业有着重要的意义。一个人工作能力可以比别人差，但是一定不能缺乏责任感，凡事推三阻四、找客观原因，而不反思自己，一定会失去上级的信任。

第五，工作高效。高效的工作习惯是每个高效能职业人士所必备的，也是每个单位都非常看重的。

第六，结果导向。“无论黑猫、白猫，抓得到老鼠就是好猫！”无论苦干、巧干，出成绩的员工才会受到众人的肯定。企业重视的是有多少“功”，而不是有多少“苦”。

第七，善于沟通。不擅长沟通者，即便自己再有才，也只是一个人的才干，既不能传承，又无法进步；擅长沟通者，哪怕很平庸，也可以边干边学，最终实现自己的价值。

第八，团队理念。团队提前，自我退后。不管个人能力多强，只要伤害到团队，公司绝不会让他久留——不要认为缺了你一个，团队就无法运转。

第九，成本意识。节约，但不可抠门。不要把公司的钱不当钱，公司“锅”里有，员工“碗”里才有；同样，“锅”里多，“碗”里自然也就多。而掌勺的，恰恰就是你自己。

第十，不忘感恩。为什么我们能允许自己的过失，却对他人、对公司有这么多的抱怨？再有才华的人，也需要别人给做事的机会，也需要他人或大或小的帮助。你现在的幸福不是你一个人就能成就的。

3. 确定用来激励的股数

股权是公司的稀缺性资源，极其珍贵。公司股权会面临外部投资者、融资、激励、上市的多轮分配及限制。因此，每期用于股权激励计划的股权额度都要经过严格限制和精确计算。

（1）确定用于股权激励的总量

股权激励总量的确定，首先要考虑几个制约条件。

第一，重点考虑企业大股东的控制权、公司业绩目标、企业规模、公司波动所致风险的预防等要素。

第二，分析公司现有股权结构，了解股权的集中程度、公司控制权的归属以及原始股股东的股权激励情况。

第三，要考虑到公司今后的动态股权分配模式，即根据公司的目前发展阶段及未来发展计划，并综合公司的人力需求、融资需求、行业变化等因素预测股权未来的稀释情况。

综合以上要素来确定公司阶段性股权激励的股份总量，一方面可以避免出现公司人员阶层固化，另一方面能够兼顾当下情况和未来需求，避免股权的过度激励和过度稀释。

（2）确定激励对象的股权分配额度

当期股权激励总量确定之后，再具体结合相应激励对象的职级、职位、工龄、贡献以及公司发展阶段等要素，来核定相应员工应当取得的股权数量。

例如，易趣网在创业阶段的期权激励标准为：对于公司获得天使投资之前进来的 VP 级别高层管理人员，通常发放 2% ~ 5% 期权；对于 A 轮融资后进来的 VP 级别管理人员，给予 1% ~ 2% 的期权激励；如果是 C 轮融资后或公司接近 IPO 时进来的人员，则发放 0.2% ~ 0.5% 的期权。此外，对于核心 VP（CTO、CFO 等），可以参照上述标准的 2 ~ 3 倍发放，至于总监级别的人员，参照 VP 的 1/2 或 1/3 发放。

对普通员工的股权激励，建议最好是直接给股数，而不是给百分比。道理很简单，因为大多数企业都采用“做减法”的方式，即指把原有的 100% 股份逐步释放出去，不断向外分发，其结果自然是原有的存量越来越少，分到后来，总有一天股份会变为零，而且能够分到股份受到激励的人有限。而如果采取给股数的激励办法，则可以通过股份定向增发来直接授予员工相应数额的股权，这样激励成本更低，而且股数永远也发不完。

（3）确定用于股权激励的股份的来源

公司用于激励的股票主要来源于：第一，公司的期权池；第二，通过向激励对象发行股份（增资扩股），增加总股本；第三，原有股东的股权转让，即原有股东向股权激励对象转让一部分股权；第四，通过回购员工股份用以股权激励，在公司发展过程中，有些员工会因为离职等原因退出，退出部分的股份可重新授予其他员工。

企业在确定激励股权来源时需根据自身的具体情况做周详规划，来做好组合。

4. 确定股权激励的规则

通常，企业股权激励的对象都是内部高管、骨干和优秀员工，目的是通过这种激励方式留住人才，同企业实现紧密捆绑，对于所激励股权的行权条件也是有限制的。激励对象并不能当即全部获得或立刻变现，而是受限于员工的业绩完成情况、工作年限，或是其他限制性指标。这里所指的行权条件，主要是股票期权的行权条件。

股票期权，即期权股，是一种常见的企业股权激励操作模式。股票期权的操作要点是：公司将预留的普通股股票作为报酬的一部分，以较低的价格或无偿授予公司管理人员或骨干员工，期权股的享有者可以在约定的时期内作出行权或兑现等选择。

员工从期权激励中获得收益的方式为：当公司股票的未来价格高于授予期权所指定的价格时，员工在约定时期，就可以将自己持有的股票期权以市场价格卖出，从而获得差价收益。

股票期权的行权条件表现在两个层面。

（1）基本层面的行权条件

所谓期权基本层面的行权条件，即在既定期权价格的基础上，根据公司的预期发展目标，一旦之前设定的激励对象购入股权的条件成熟，则激励对象就有权决定予以实施，选择行权。当然也有不行权的自由。

激励对象所得到的实际利益主要表现在授予股票期权时确定的行权价和行

权之后股票市场价之间的差额。如果到了行权时间节点，公司的股票市场价高于行权价，并且当事人对公司股票有信心，那么通常会选择行权，否则激励对象就会放弃行权，股票期权作废。

（2）胜任层面的行权条件

从胜任力角度来考量，公司衡量激励对象是否具备行权的条件，主要考察因素有两点。

第一，激励对象的业绩。在股权激励实施之日至行权生效期间，公司考核激励对象的业绩达成情况，能否达到公司的绩效考核标准。能够顺利完成业绩指标的，予以正常行权；对于未能完成既定业绩目标的，则不予行权或打折行权。

第二，激励对象是否违规。如果在激励期内，激励对象触犯了公司红线，严重违规违纪甚至违法，那么将会被取消行权资格。

5. 确定股权激励的行权价格

所谓定价，即在股权激励计划中，确定股权激励对象获得股票的价格。股权激励中的定价决定着激励对象获得公司股权的成本，直接决定着激励对象的参与意愿，同时也决定着激励对象未来的股份收益。在股权激励计划中，行权价格是一个非常重要的问题。

在具体定价操作中，要注意几个方面的问题。

（1）股价计算方法

① 净资产定价法。

第一步：计算出公司净资产；

第二步：确定公司总股本；

第三步：公司股价 = 净资产 / 总股本。

② 资产定价法。

第一步：分别对公司的有形资产、无形资产赋予不同的权重，据此计算出公司总价值；

第二步：确定公司总股本；

第三步：公司股价 = 总资产 / 总股本。

③ 综合定价法。

第一步：确定公司销售收入、净利润与净资产定价，分别赋予它们相应的权重，据此计算出公司的总价值；

第二步：确定公司总股本；

第三步：公司股价 = 总资产 / 总股本。

④ 市场类比法。

第一步：找出几家业务、规模、发展阶段同本公司相近的公司作为参考对象；

第二步：结合参考公司的净利润、净资产或现金流量等股价指标，计算出对象公司相关指标的价值比例；

第三步：计算参考公司的平均比率，推断出本公司的价值；

第四步：确定总股本；

第五步：公司股价 = 总价值 / 总股本。

⑤ 市盈率计算方法。

这是对上市公司定价方法的一种模拟，具体操作如下。

第一步：计算每股收益，每股收益 = 净利润 / 年末普通股股份总数；

第二步：计算市盈率，市盈率 = 普通股每股的市场价格 / 普通股每年每股的盈利（即股票每股税后收益）；

第三步：确定股票价格，股票价格 = 每股收益 × 市盈率。

上述指标中的净利润，可以根据公司上一年度的损益表及本年度发生损益的情况进行预测，公司的总股本可以视为公开发行股票前的总股数。

（2）股权激励定价

通过以上方式估算出的公司股价，只是一个参考价格。激励对象的实际购买价格一般有折价、平价、溢价三种情形。折价又分为无偿赠送、1元/股、以每股出资额定价、以一定折扣定价等方式。

在实操中，定价过高对于激励对象没有吸引力，定价过低则会低估公司价值，激励对象同样缺乏奋斗动力。为体现激励的诚意和力度，提高激励对象的参与意愿，通常采用的方式为折价或平价的方式。例如，早期的垂直旅游搜索平台“去哪儿”，给员工的期权股行权价是0.01美元，几乎相当于白送，如今“去哪儿”的估值已达44亿美元，一旦公司上市，早期获得期权激励的员工，身价可能会涨至百万元、千万元，甚至亿元。

总结来说，股权激励定价应该把握好两个原则。

第一，同批次，同价格。同一批股票价格应该同股同价，《公司法》第一百二十六条第二款规定：“同次发行的同种类股票，每股的发行条件和价格应当相同……”

第二，后续批次的股权授予价格应高于前批次。在公司发展良好且盈利的情况下，企业股票存在增值收益。为体现对原先股东的公平，后续授予股份的价格应该比前面批次授予股份的价格高。

6.确定股东的退出机制

为了让股权激励发挥应有的作用，不让员工在股份上“睡大觉”，务必要设定激励对象的股权退出机制。

（1）设定退出红线

员工入股要设置标准，退出要设置红线，一旦触碰，就自动退出。

第一，退出企业即退出股权，这是设置退出机制所要遵循的基本原则。《公司法》第七十一条明确，公司章程可以对股权转让进行个性化约定，这是设计股权激励退出机制的法律依据。

第二，利用公司平台谋取私利者，只分配当月分红，直接退出。

第三，遇年老或天灾人祸不能工作怎么办？一般有三种处理方式：一是公司内部优先转让；二是进行外部转让必须所有董事成员通过，有一人不同意就不能转让；三是不进行转让，股份逐渐被稀释掉。

第四，工作能力日渐低下，已不能独当一面，又不上进者，经60%董事会成员通过即可劝退，股份进行转让、稀释或者公司回购。

第五，其他退出红线。持股员工一旦出现下列情况，即自动退股：一是损害公司利益，各种形式的损公肥私者、损害公司利益者；二是对公司不忠，对公司不忠者没有资格成为公司的主人；三是欺瞒，欺上瞒下，人品低劣者，应清除出股东队伍；四是未到约定年限退休，属违约，应当退出；五是辞职，辞职后股权应按约定退出；六是身亡，无法履行股东权力，按约定机制退出；七是违法违纪，出现违法乱纪行为，视为自动退股。

（2）确定期权退出的处理方式

期权股的退出机制，主要是约定激励对象离职时，激励期权的处理方式，如是否回购、以何种价格回购等，以免引起不必要的纠纷。

【案例】

期权股回购纠纷

2009年，曹政加入休闲小游戏平台“4399”，出任CTO，公司董事长蔡文胜承诺授予其1.5%的股票期权。2011年，曹政离职，独自创业。到了2014年，曹政突然被告知，当初许诺的1.5%股权已经大幅缩水为万分之七。原来随着合伙人和投资人的不断进入，曹政的股权也在无形中被不断稀释，此举引起了曹政和蔡文胜的股权纠纷。

在华为公司，也出现过类似的纠纷。2002年，在华为工作了10年的老员工刘平，要求变现自己在华为的期权股，公司只同意按其当初购买股票实际支付的价格（354万元）来回购其股权。刘平认为不公平，一纸诉状将华为告上法庭，要求公司按照其持股数额可参与分配的公司净资产和未分配利润总额来回购其股权。

上述知名企业的期权股纠纷对老板们的启示是，一定要设计好期权的退出机制和回购价格。

第一，期权股回购的范围。对于已经上市的公司，员工持有的期权股自然可以根据约定的时间在公开市场进行交易退出，无须公司回购；对于未上市的创业公司，可以提前约定一个价格回购离职员工的期权股。

激励期权的退出机制，即约定员工离职时已行权的股权是否回购、回购价格等，避免在员工离职时出现不必要的纠纷。

第二，期权回购的价格。在对员工持有的期权股进行回购定价时，一般可以按照公司当时的净资产、净利润、估值以及员工的具体情况来综合确定（见表 6–1）。

表 6–1　股权激励回购方案

股权激励退出情形	回购方案
激励对象不能胜任工作； 激励对象因违反公司规章制度被辞退； 激励对象非因公死亡或丧失劳动能力； 激励对象劳动合同期满且未继续签约； 激励对象主动提出辞职并经公司许可。	按较低的市场回报率标准回购。
公司处于战略和业务调整的需要，要求激励对象离职； 激励对象主动要求结束股权激励计划； 激励对象因公丧失劳动能力或死亡； 激励对象退休。	按市场价或较高的投资回报率标准回购。
激励对象严重失职、渎职、擅自离职； 激励对象出现侵占公司财产、损害公司利益、泄露公司商业机密等行为； 激励对象触犯刑律被追究法律责任。	原价或低价回购，另外激励对象要对给公司造成的损害进行赔偿。

第七章　风险防范：股权激励的常见风险及防范

1. 股权激励的常见矛盾点

老板费尽心机重新设计了股权模式，股权激励措施也落实了，可是被激励者却不领情，效果较差，甚至于出现负激励现象。股权激励并不是万能药，一"激"就灵。相反，如果操作不当，很可能起不到任何激励作用，出钱不讨好。在股权激励实操中，应注意规避那些容易导致激励失败的矛盾点。

（1）股权激励的几大硬伤

所有的股权激励都是基于一点——公司效益的不断增长与良性发展，及至公司上市。但问题是，公司效益一定会持续增长吗？公司股价一定会不断走高吗？

如果不能给激励对象作出肯定的回答，让他们看到希望，那么股权激励的三大问题就会凸显出来：第一，股权投资风险相对较大（需要员工出资购买股权的情况下）；第二，投资回报周期长，个别明星公司效益的高速增长神话，难以掩盖普通中小型企业的缓慢发展，这对于股权持有者而言，也就意味着较长的投资回报周期和较低的投资回报率；第三，股权流动性差，上市前难以变现，甚至是永远难以变现，毕竟最终能够实现上市的公司属凤毛麟角。

对中小型企业而言，可将股权激励的意义往经营分红方向引导，让员工努力争取到公司利润增加所带来的分红收益。

（2）搞强制摊派

在老板看来无异于大出血的股权激励，如果切换到员工的角度，可能诱惑性并没有那么强，甚至会让员工感觉到是公司在搞强制摊派，尤其是需要员工部分出资购买的股权激励。针对这个问题，老板一定要设法让员工领会企业进行股权激励的目的以及覆盖面，同时要设置必要的门槛，否则覆盖全体员工基本上等同于没激励，员工还不领情。另外，要杜绝强制摊派，让员工自主选择。

（3）信息不够透明

非上市公司在制订股权激励计划时，其行权价的确定没有相应的股票市场价格作为定价基础，价格、时间和条件确定的难度相对要大得多。另外，非上市公司无须公开公司财务状况，一些中小股东也就失去了一条全面了解公司经营、财务状况的渠道。

对于企业内部通过激励方式获得股权的员工，想要了解公司相关信息，同时又会存有顾虑，不便去询问。从公司的层面讲，担心公开信息会引起一些不必要的麻烦和问题，不公开的话，也会惹起一些猜测和非议。

须知，员工既然被授予了股权，就应该享有基本的知情权。对此，公司方面要设法予以满足。

（4）股权激励随意而为

一些企业老板进行股权激励时，都是随意而为，在没有充分理解股权模式的运作机制和激励目的的情况下，一冲动就匆匆上马，甚至缺乏科学合理的激励措施，而是直接从网络上搜集拷贝，根本不适合公司的具体情况，因而会导致问题丛生，矛盾频发。

【案例】

股权激励导致的纠纷

2015 年 8 月，深圳某科技公司同刘某签署了一份技术顾问合同，约定由刘某出任公司的技术顾问，每周需到公司工作2天，每月工资为8000元，另外授以5000股 / 月的股票期权。

合同约定，任何一方解除合同都需要提前7天通知对方，除非一方单独终止，该顾问合同将长期有效。

实际上，刘某工作3个月后，公司单方面解除了双方的顾问合同，仅支付了刘某24000元的顾问工资，而未兑现15000股的股票期权。双方多次协商未果，刘某于是将公司告上法庭。

对此，公司辩称：刘某并未按合同约定条款，满额履行工作时间，并导致公司产品开发进度严重滞后；另外，刘某在工作履历上也存在欺骗行为，其工作能力并不足以支撑公司的技术开发工作，属欺诈行为。

在法院的判决中，确认双方的顾问合同合法，要求各自履行义务，原告刘某应依法享有15000股股票期权，公司应依法授予。

显然，公司未进行详细考察，就随意对刘某作出股权激励决定，且没有相应的约束机制，而且在合同期限上（注意合同条款，除非一方终止，否则该合同将长期有效）也存在重大漏洞。如果双方合作顺利进行，那么刘某将会按月获得可观的股票期权，这种没有明确数额限制的行为，明显是莽撞的。

股权激励是一套复杂的系统工程，涉及众多的利益划分，牵一发而动全身，切不可草草决定拿出多少比例、多少万股的股份大手一挥，发给员工。而且，激励过程中涉及的行权条件和权利限制等事项，也需要专业律师来起草相应的正式文件。因此，对于股权激励涉及的股权池大小、激励对象、授予份额、授予数量、行权价格等实际问题，企业应咨询专业的股权分配专家，而非简单粗暴直接拍脑门就去做，那只会给公司带来很多麻烦。

通常，公司股权激励要按如下步骤去推进。

第一，征求股东意见，了解公司状况，看股东的想法是什么，想做什么，公司存在什么问题等。

第二，了解公司的目标和渴望通过股权激励达成的目标，是否有更好的替代方式；研究具体的股权激励方式，并同股东的看法进行匹配、调整。

第三，根据法律意见书，制订详细的股权激励工作计划和工作流程。

第四，员工宣讲和调查。同激励对象举办宣讲会，征求员工的意见和想法，同时让他们了解公司进行股权激励的目的。

第五，汇总员工意见，同股东进行再次沟通，结合员工意见，修改激励方案。

第六，召集股权激励大会。公开宣布股权激励计划的详细情况和具体操作，邀请激励对象和未来潜在激励对象参加，以达到示范激励效应。

第七，符合激励条件的员工，拟定认购协议。

第八，公司和激励对象公开签约，签约之后，激励条款才能生效。

第九，实施和调整阶段。签约生效后，公司相关部门要做好监督考察工作，考察激励对象是否合乎规范，是否符合行权条件，否则就要根据约束退出机制去处理。

（5）只有口头承诺，没有书面协议

员工股权激励方案应落实到书面上，只有口头承诺，员工的利益就无法保障，也容易引起争议和矛盾。

（6）缺乏约束机制

股权激励方案必须配合相应的约束机制，包括公司业绩条件、个人限制条件、日常工作表现和业绩等，以及对退出红线的规定。否则，股权激励就变成了免费午餐，不是在激励员工更加努力，而是在鼓励不劳而获，只想坐等分钱，这样的股权激励对企业无利反有害。

（7）激励效果不明显

激励力度太小，也达不到预期目的，难以调动员工积极性。例如，某公司为激励员工，规定只要公司年度增长率超过 20%，利润增长超过 25%，那么全体员工就可以每股 10 元的价格来购买相应数量的公司股票。该政策实施两年后，在大家的努力下，预计的经营目标都顺利实现，但却没有人去行使股票期权，因为这家公司的股票在公开市场上从来就没有超过 10 元，大家当然也

就没有了行权的动力。

老板有什么境界，股权分配就有什么效果。你的力度有多大，就能激励到多大能力的人才。

2. 防范股权激励的法律风险

内部股权激励，除了要考虑激励方案的合理科学性之外，还要考虑法律适用性，应在合法合规的范畴内进行操作。

（1）股权激励方案的法律效力

企业设计的股权激励方案，在法律上是否生效，主要有以下衡量要素。

第一，股权激励方案是否经全体股东签字同意。股权激励方案，是财产权的转移，动摇的是公司原股东的根本利益。在现实操作中，多数公司在进行股权激励方案设计时，都会依据《公司法》或公司章程的相关规定，要经过半数以上股东同意，才可以落实股权激励方案。

这种操作模式的法律效力有争议之处。例如，尽管股权激励方案经过半数以上股东同意，但是未经公司盖章，那么视为法律上不生效。

第二，股权激励方案是否经过股东会决议。例如，公司操盘手在落实股权激励方案时，欲替股权激励对象代持股份，而未经股东会决议许可，此类操作方式涉嫌职务侵占的罪名。

第三，股权激励方案是否符合其他失效条件。例如，因公司准备上市而被外部投资人收购，那么，股权激励的前提条件失效。

（2）法院对股权激励限制条件的司法态度

公司对员工和利益相关方进行的股权激励，通常都是有限制条件的。比如，对于任职年限的限制，对于业绩和个人表现上的限制，对于转让条件的限制，以及对所获股权相关权益的限制，等等。此类股权授予条件、兑现条件和行权条件的限制，是公司出于保障股东权益、企业权益的考虑，无可厚非。

法院在审判类似股权争议时，通常持有如下态度。

第一，股权激励作为一种高级激励方式，目的是在企业和员工之间建立一种休戚相关的利益关系和同担风险、共享收益的分配机制，其出发点是积极的、善意的。因此，公司通常会对获得此项权益的员工设定较高的门槛和限定条件。

第二，公司授予员工的股票期权往往有工作期限上的要求，以及公司是否上市等条件限制。这种情况下，员工获得股票期权并不等同于是获得了股票授权，如果被激励人员认为二者是同一个概念而出现争执，且向法院提起诉讼的话，法院方面一般不予支持。

第三，如果公司授予股权的约定条件未达到，或条件不够成熟时，激励对象就主张相关股权或衍生收益，法院对此类诉求通常也不予以支持。

第四，尽管企业和激励对象之间存在着事实上的股权激励关系，但如果都不能向法院描述激励方案的细节内容时，法院也不予以支持激励对象具备被授予股权的权利。

（3）激励对象离职时公司规定的违约条款是否合法

公司对员工的股权激励，通常会设置违约条款。员工一旦离职，或因其他个人原因解除同公司的劳动合同，或因严重违反规章制度而解除其他合作关系时，公司有权强制收回股权，并要求当事人返还分红，甚至支付违约金。

对于此类约定的法律效力，法院通常会认为公司是为了限制股权激励对象获得股权收益，并不违反公平原则，是合法且有效的，具体要点如下。

第一，如果公司有关于激励对象离职等情况下的股权收回条款，就依据约定执行；如果无相关约定，则不能进行收回。

第二，激励对象如果认为公司收回个人股权的行为不合法，应当就此进行举证。

第三，要考虑激励对象是否出资的情况。如果激励对象是以出资的形式获得的股权，若没有特殊约定，公司在收回股权时，应支付公允的回购价格；对于未出资获得的股权激励，那么公司可以根据约定进行无偿收回，法院予以支持。

第四，如果回购激励对象的股权由第三方进行时，应确保此回购行为不会导致公司注册资本降低，且不损害公司债权人利益。转让后的股权如发生价格变动，其风险由转让者自行承担。

第五，如果公司股权激励方案未约定员工离职后是否仍有分红权，那么，法院从公平合理的角度考量，通常会认为离职员工不应再享有分红权。

（4）关于违约金事项

根据《劳动合同法》相关规定，只有在两种情况下，公司可与员工约定违约金：一是公司为员工提供技术培训费用并约定服务期限，如果员工违反约定，需要员工支付不高于此前公司所支付培训费用的违约金；二是如果员工违反与公司达成的竞业限制约定，则应当按照约定向公司支付违约金。除此之外，公司不得同员工约定其他违约金。

需要注意的是，《劳动合同法》的这种规定并不适合企业股权激励的情况，如果获得股权激励的员工同公司的关系不再是劳动关系而是股东身份，就不再受《劳动合同法》保护。

【案例】

“富安娜”股权激励纠纷索赔案大获全胜[①]

2007年6月，知名家纺企业“富安娜”以定向增发的方式，向公司高管和主要业务骨干发行了700万股限制性股票，激励对象可以每股1.45元的优惠价格购买。

2008年3月，为了配合公司IPO进程，“富安娜”宣布将所有限制性股票转换为无限制性的普通股。同时，与获得股权激励、原始股的余松恩、周西川、陈瑾、吴滔、曹琳等高管协商签署了《承诺函》，《承诺函》中约定：持有原始股的员工“自承诺函签署日至公司上市之日起3年内，不以书面的形式向公司提

① 雷顺：《富安娜家纺身陷“离职索赔门”》，载《南京晨报》2013年3月11日。

出辞职、不连续旷工超过 7 日、不发生侵占公司资产并导致公司利益受损的行为，若违反上述承诺，自愿承担对公司的违约责任并向公司支付违约金”。

2008 年 7 月至 2009 年 9 月，余松恩、周西川等部分获得公司原始股激励的非创业股东在持有“富安娜”原始股的情况下，先后辞职，并跳槽到“富安娜”的主要竞争对手“水星家纺”。

2012 年 12 月 26 日，已在深圳上市近 3 年的“富安娜”，突然对余松恩、周西川、陈瑾、吴滔、曹琳等 26 名自然人股东违反《承诺函》一事，导致公司股权激励目标无法实现，向法院提起民事诉讼，要求 26 名被告赔偿公司违约金共计 8121.67 万元。

2015 年 1 月 19 日，这桩企业因股权激励而发生的索赔案最终落槌，深圳市中级人民法院作出了判决，判定 16 名离职骨干员工赔偿老东家“富安娜”3230.52054 万元及相应的利息。“富安娜”顿时一案成名，为雇主维权树立了积极的榜样，同时也为那些得到股权激励而违反约定的员工敲响了警钟。

“富安娜”股权激励系列索赔案，以公司大获全胜告终，其关键点在于将劳动者身份与股东身份区别，该案法律关系认定为民事法律关系而非劳动合同关系。当然，这种情况成立的前提是公司授予员工的是实股，而不能是虚拟股或期权。否则，员工的股东身份就无法确定，因而公司也就无权约定违约金事项。

虚拟股的被激励者不能成为公司股东、不拥有股权，仅获得一种在职时的收益分配权，一旦激励对象离开企业，将自动丧失获得收益的权利。虚拟股权赋予员工的分红权应属于公司薪酬体系的组成部分，因此此类股权激励制度是劳动合同的重要组成部分，也是《劳动合同法》的调节对象，由此引起的纠纷应当属于劳动争议范畴。

（5）股权激励与投资人关系的处理

股权激励要处理好投资人关系。如果计划进行股权激励的公司，已经成功进行过融资，或计划正要进行融资，那么此时的股权激励就不再是单方面的企业内部行为，应该做好相关信息披露或检视。

第一，要向以往的投资人或拟投资人披露公司下一阶段的股权激励计划。

第二，认真查看公司此前签订的融资协议，看是否允许公司今后进行股权激励行为，如许可，则应查询是否有细节条款或细节上的限制。

第三，查看融资协议对股权激励方式（如增资、代持等）是否有规定和限制。

第四，如果融资协议没有股权激励方式上的限制，当采取增资形式时，则增资的对价不得低于投资人的对价，除非融资协议对股权激励有除外规定（通常融资协议都要求后一轮的融资价格不得低于上一轮的价格）。

如果没有处理好以上问题，导致公司的股权激励方案和融资计划出现冲突时，那么投资人可以追究公司主要创始股东的违约责任。

附件一

非上市公司股权激励法律法规

1. 综合性法律

（1）《公司法》相关规定。

（2）《证券法》相关规定。

2. 有关股权激励个人所得税的法律规定

（1）《财政部、国家税务总局关于个人股票期权所得征收个人所得税问题的通知》（财税〔2005〕35 号）。

（2）《国家税务总局关于个人股票期权所得缴纳个人所得税有关问题的补充通知》（国税函〔2006〕902 号）。

（3）《财政部、国家税务总局关于完善股权激励和技术入股有关所得税政策的通知》（财税〔2016〕101 号）。

3. 股权激励会计处理的法律规定

（1）《企业会计准则第 11 号——股份支付》（财会〔2006〕3 号）。

（2）《财政部关于〈公司法〉施行后有关企业财务处理问题的通知》（财企〔2006〕67 号）。

附件二

员工入股合同范本

甲方：__________________

负责人：________________

乙方：__________________

身份证号码：__________________

职务：_________

为了构建企业利益共同体，强化企业内部的激励机制和约束机制，增强员工的主人翁地位和主人翁意识，促进企业增效、员工增收，增强企业凝聚力，甲方决定允许部分员工入股企业。

甲、乙双方本着诚信、友好、互助的原则，签订本入股协议书，共同遵守。

第一条　持股方式

1. 内部员工持股主要采取出资购股、奖励股权、期权股权三种方式。

（1）出资购股是指内部员工有偿取得公司的部分或全部产权的持股方式；

（2）奖励股权是指甲方对有突出贡献的经营管理者、技术骨干和员工直接给予奖励的持股方式；

（3）期权股权是指到一定的时候或者考核标准才兑现的。

2. 内部员工持股由持股员工以自然人的身份直接持有。

第二条　经财务审计，甲、乙双方认可，甲方现有资产为_______元，共分为_______股，每股_______元。

第三条　乙方持股比例及持股时间

1. 出资购股部分：乙方自行出资共计人民币_______元，计_______股，占总股份的_______%。

2. 出资方式：

（1）购股时一次性现金支付（一次性付款的可给予_____%的优惠）；

（2）购股时实行分期付款，首期付款为_______元（一般不得低于购股款总额的40%），付款期限不得超过_____年（月）；

3. 甲方给予乙方奖励股权计________股，该奖励股份部分只限持有员工按持股比例享受分红。甲方给予乙方的期权股计________股（期权方式______年到______年，其中每年必须完成任务），如果完成每年将按照合作伙伴出资入股奖励身股与期权股一起分红，到______年不用做考核，甲方将把乙方的期权股权也按照比例进行分红。如甲方稀释个人股份将与公司无关，如稀释公司股份大家按照比例稀释。

4. 入股时间：出资购股部分自______年____月____日起计算；

奖励股份部分自______年____月____日起计算；

期权股份部分每年定好目标，必须完成年度个人以及公司目标自______年到______年。从______年不再做考核直接把期权部分算成甲方奖励乙方身股。

第四条　利益分配时间及分配方法

1. 利润：每月收入扣除税费、工资、行政管理费用等所有应支出后，是为当月纯利润。

2. 分红日期：______________

3. 分配方法：______________

第五条　奖励股权的收回

1. 甲方根据本企业经营状况及乙方的工作成绩，可以决定部分或者全部收回奖励给乙方的奖励股权部分，被收回奖励股权的持股员工自甲方作出收回决定之日起不再享受该奖励股权部分的分红；

2. 乙方与甲方劳动关系终止时，甲方奖励乙方的奖励股权部分由公司全部收回。

劳动关系终止包括劳动合同到期未续签和自动离职、被辞退或解聘、被开除等劳动合同解除情形。

第六条　出资购股的退股

1. 因甲方与乙方的劳动合同到期未续签和自动离职、被辞退或解聘、被开除等劳动合同解除而终止劳动关系时，（五年内）甲方按乙方原出资额购回乙方出资购股股份，乙方将不再享受公司股份。

2. 乙方对甲方企业损失负有个人责任的，甲方可以其所持股权抵扣赔偿。

第七条　持股员工的永久持股权

1. 乙方为甲方服务满______年的，乙方有权终身享有按持有甲方股份比例分红的权利，该权利不因劳动关系的终止而终止；未经乙方申请或同意，甲方不得收回或购回乙方所持有的股份。

2. 若乙方在永久持股期间因其故意或重大过失行为，给甲方企业造成较大损失的，甲方有权购回或收回乙方所持有股份，并可以其所持股权抵扣赔偿。

第八条　乙方在本协议约定的持股或分红期间，未经甲方书面同意，不得自行或与他人合作在甲方经营区域内经营、投资与甲方经营范围相同或类似的项目，乙方不得对公司有任何隐瞒或者私自把甲方的客户推荐给其他公司，或者私自走假账报假账与拿采购回扣等损害公司利益等情形。乙方在规定的退休年龄前有其他意外不能工作者，甲方将收回所有的股份，如乙方违法违纪（打架斗殴），造成乙方不能工作而结束合作关系，乙方将自动退出，甲方将收回乙方的所有分红权利与股份。

公司需要重大改革与投资其他项目都由甲方作决策，所有决策权都由甲方执行，乙方无决策权；乙方可知情公司的支出与营业收入以及利润状况的结果，乙方可有分红权建议权。

第九条　以上合同若有修正，经甲、乙双方协商后签订补充协议。

第十条　本合同一式二份，甲、乙双方各执一份。

甲方：	乙方：
代表方（签字）	姓名（签字）
	身份证号：
年　　月　　日	年　　月　　日

附件三

企业会计准则第 11 号——股份支付

第一章　总则

第一条　为了规范股份支付的确认、计量和相关信息的披露，根据《企业会计准则——基本准则》，制定本准则。

第二条　股份支付，是指企业为获取职工和其他方提供服务而授予权益工具或者承担以权益工具为基础确定的负债的交易。

股份支付分为以权益结算的股份支付和以现金结算的股份支付。

以权益结算的股份支付，是指企业为获取服务以股份或其他权益工具作为对价进行结算的交易。

以现金结算的股份支付，是指企业为获取服务承担以股份或其他权益工具为基础计算确定的交付现金或其他资产义务的交易。

本准则所指的权益工具是企业自身权益工具。

第三条　下列各项适用其他相关会计准则：

（一）企业合并中发行权益工具取得其他企业净资产的交易，适用《企业会计准则第 20 号——企业合并》。

（二）以权益工具作为对价取得其他金融工具等交易，适用《企业会计准则第 22 号——金融工具确认和计量》。

第二章　以权益结算的股份支付

第四条　以权益结算的股份支付换取职工提供服务的，应当以授予职工权益工具的公允价值计量。

权益工具的公允价值，应当按照《企业会计准则第 22 号——金融工具确认和计量》确定。

第五条　授予后立即可行权的换取职工服务的以权益结算的股份支付，应当在授予日按照权益工具的公允价值计入相关成本或费用，相应增加资本公积。

授予日，是指股份支付协议获得批准的日期。

第六条　完成等待期内的服务或达到规定业绩条件才可行权的换取职工服务的以权益结算的股份支付，在等待期内的每个资产负债表日，应当以对可行权权益工具数量的最佳估计为基础，按照权益工具授予日的公允价值，将当期取得的服务计入相关成本或费用和资本公积。

在资产负债表日，后续信息表明可行权权益工具的数量与以前估计不同的，应当进行调整，并在可行权日调整至实际可行权的权益工具数量。

等待期，是指可行权条件得到满足的期间。

对于可行权条件为规定服务期间的股份支付，等待期为授予日至可行权日的期间；对于可行权条件为规定业绩的股份支付，应当在授予日根据最可能的业绩结果预计等待期的长度。

可行权日，是指可行权条件得到满足、职工和其他方具有从企业取得权益工具或现金的权利的日期。

第七条　企业在可行权日之后不再对已确认的相关成本或费用和所有者权益总额进行调整。

第八条　以权益结算的股份支付换取其他方服务的，应当分别下列情况处理：

（一）其他方服务的公允价值能够可靠计量的，应当按照其他方服务在取得日的公允价值，计入相关成本或费用，相应增加所有者权益。

（二）其他方服务的公允价值不能可靠计量但权益工具公允价值能够可靠计量的，应当按照权益工具在服务取得日的公允价值，计入相关成本或费用，相应增加所有者权益。

第九条　在行权日，企业根据实际行权的权益工具数量，计算确定应转入实收资本或股本的金额，将其转入实收资本或股本。

行权日，是指职工和其他方行使权利、获取现金或权益工具的日期。

第三章　以现金结算的股份支付

第十条　以现金结算的股份支付，应当按照企业承担的以股份或其他权益工具为基础计算确定的负债的公允价值计量。

第十一条　授予后立即可行权的以现金结算的股份支付，应当在授予日以企业承担负债的公允价值计入相关成本或费用，相应增加负债。

第十二条　完成等待期内的服务或达到规定业绩条件以后才可行权的以现金结算的股份支付，在等待期内的每个资产负债表日，应当以对可行权情况的最佳估计为基础，按照企业承担负债的公允价值金额，将当期取得的服务计入成本或费用和相应的负债。

在资产负债表日，后续信息表明企业当期承担债务的公允价值与以前估计不同的，应当进行调整，并在可行权日调整至实际可行权水平。

第十三条　企业应当在相关负债结算前的每个资产负债表日以及结算日，

对负债的公允价值重新计量，其变动计入当期损益。

第四章　披露

第十四条　企业应当在附注中披露与股份支付有关的下列信息：

（一）当期授予、行权和失效的各项权益工具总额。

（二）期末发行在外的股份期权或其他权益工具行权价格的范围和合同剩余期限。

（三）当期行权的股份期权或其他权益工具以其行权日价格计算的加权平均价格。

（四）权益工具公允价值的确定方法。

企业对性质相似的股份支付信息可以合并披露。

第十五条　企业应当在附注中披露股份支付交易对当期财务状况和经营成果的影响，至少包括下列信息：

（一）当期因以权益结算的股份支付而确认的费用总额。

（二）当期因以现金结算的股份支付而确认的费用总额。

（三）当期以股份支付换取的职工服务总额及其他方服务总额。

第三篇

股权融资：

创业者获得资本背书的利剑

第八章 融资逻辑：创业公司股权融资的基本原则

1. 创业公司融资的常见途径

从本质上讲，绝大多数创业公司散伙的根本原因是公司不盈利，入不敷出，难以为继。要么是长期没有收入，要么是收入低于支出，这样下去，公司现金储备就会用尽。一旦没有新的资金注入，且长期解决不了收入的问题，那么等待创业公司的就只能是关门大吉，只是时间早晚的问题。

缺钱是企业运营过程的主旋律，融资是企业老板任何时刻都不能放下的一项工作。"我觉得企业最初期就是缺钱，缺钱是最大的压力。"[①] 这是潘石屹创业时的切身感悟。1997 年 4 月，公司财务人员突然过来对潘石屹说账上没钱了，发不出工资。一分钱难倒英雄汉，为了警示自己，潘石屹把这一天写了下来，提醒自己要卧薪尝胆。潘石屹后来曾坦言，公司发展之初他基本上没操什么心，主要是担心没钱，最大的精力都耗在筹钱融资的事上了。

缺钱具有两面性，在给创业者带来压力的同时，也有其积极的一面。饱受缺钱之苦，才会更珍惜来之不易的创业资金，更容易学会省钱，节省掉一些不必要的开支，有助于早日实现收支平衡，早日盈利。

通常，公司资金来源主要有以下几种途径。

① 《潘石屹称创业压力在缺钱 SOHO 现有 200 亿现金》，腾讯财经，2011 年 11 月 16 日。

（1）股东投资

股东出资是企业运营的启动资金，必不可少。股东投资除个人积累资金外，基本上都来自社会信用融资，简单说就是借来的钱，或者是个人、家庭省吃俭用的积蓄。因为投资方，不论是天使投资人还是风险投资商，都不可能在创业项目没有任何投入、没有任何进展、没有任何眉目之前，往里面投钱。所以，对于创业的第一笔启动资金，创业者要把希望寄托在自己身上！

（2）外部融资

当股东投入资金和客户现金流不足以支撑企业日常运营和未来发展之需时，就要进行外部融资。

外部融资具体又分为债券融资和股权融资两种。债券融资比较简单，举债还钱，支付利息，本金利息支付完毕，双方债券债务关系终结；股权融资则是以出让企业股权的方式来获得外部投资者的资金支持，投融资双方是一种战略互信合作的关系。股权融资模式下，投资人看重的是企业的未来成长性和长期价值，融资人则借助外部资金来渡过当下难关，同时布局未来。

（3）营业收入

营业收入即公司通过产品和服务提供，从客户处获得的现金收入。这是公司收入的重要组成部分，也是决定公司价值的核心估值要素所在。

2. 天使投资与天使资金

在美国，天使投资人通常是那些富有的个人和家庭，他们投资那些年轻的高成长性公司，用自己的资金帮助他们迅速启动起来。还有一些天使投资人是由创业成功的企业家转型而来，这些人能带给创业者的就不仅仅是钱了，而是管理经验、人脉资源以及对产品和市场的准确把握、商业意识等。

在国内，天使投资人一般情况下也都是个人，他们可能是专业的风险投资家，也可能是一个已经成功的企业家，甚至是你的亲戚朋友或邻居。他们之所以投资，也许是因为看好一个创业项目，也许只是看好某个创业者。天使投资的金额不大，一般都在 100 万美元之内。以下几个外在特征可以帮助我们识别天使投资人：

· 天使投资的金额一般不大，通常是一次性投入，投资方不参与管理，对企业的审查也不是很严格。它更多的是基于投资人的主观判断或者是由个人的好恶而决定的。天使投资通常是由一个人投资，见好就收，属于个体或者小型的商业行为。

· 很多天使投资人本身就是创业成功的企业家，他们了解创业者面对的困境与难处。

· 天使投资人不一定是百万富翁或高收入人士，他们可能就是你的邻居、家庭成员、朋友、公司伙伴、供货商或任何愿意投资的人士。

· 天使投资人不但可以带来资金，同时也能给创业者带来人脉网络。如果他们是知名人士，也可提高公司的信誉。

天使投资人之所以得名“天使”，是因为在很大程度上他们确实是那些“空有一个好主意、好商业模式，但身无分文”的创业者心目中的“天使”。天使投资人的存在以及在国内的兴起，给那些有想法但没资金的创业者提供了一种新的可能性。

曾几何时，我们周围充斥着这些说法：“创业最重要的，第一不是资金，第二不是资金，第三还不是资金”“永远不要让资本说话”……这些观念对于一些已经成长起来的企业，或者是那些极其罕见的具有传奇色彩的创业者来说可能是适用的，但它们绝不适用于刚刚起步的普通草根创业者。因为创业项目不论大小，首先必须有一笔启动资金让它动起来，否则创业计划就无异于空中楼阁，无异于痴人说梦。即使我们承认“空手套白狼”“白手起家”的可能性，它们也是建立在借用别人资金基础之上，其中就包括天使投资人。

那么，如何才能让天使投资人为你投资呢？国内著名的天使投资人、北极光创业投资基金合伙人邓峰的经历或许能给你提供一些借鉴：“1997

年，我跟几个同学成立了一个叫 Net Screen 的公司，这是一个非常典型的硅谷型公司……当时根本不知道能不能找到钱，但是你必须先出来。如果你自己不出来，说找到钱再离开过去的公司，等于给人家一个信息：我是闹着玩的，拿到钱我就玩，拿不到钱我就不玩。从别人兜里掏钱是很困难的事，就相当于让人跳火坑一样，要让别人跳，你自己必须先跳……我们创业团队互相做了一个承诺：把一切全抛到脑后，破釜沉舟，没有退路。当时我们规定每个人拿 5 万美元出来，我没有钱，买了房子后一点钱都没有了，就跟大学同学借了 5 万美元。我们三人做了这个承诺后，再跟风险投资家承诺。我们获得第一个 100 万美元非常简单，只花了一个星期，都是一些天使投资人。天使投资人不太懂技术，他就赌人，看你到底有多大的承诺。你说'我把裤子都输掉了跟你一块玩'，他肯定跟你干。我现在也做天使投资人，也是这个想法。"①

看来，要想从天使投资人那里拿到钱，也并非难于上天，关键是你要知道他们在想什么，看重什么，然后去迎合他们的需要。要想打动天使投资人，借用他们的资金，你需要回答好以下几个问题。

第一，你是谁？这个问题包括创业者是谁，有一个什么样的团队，提供什么产品和服务，有什么核心竞争力。一定要言简意赅地说明这些问题，直奔主题。天使投资人每年要看大量的项目，那些长篇大论的商业计划书，他们根本没有时间去细读。

第二，你要解决什么问题？就是你准备做的事和正在做的事，它们能够满足哪些用户的哪些需求，预计的市场规模有多大，收益情况如何。对这个问题，要尽可能用更具说服力的数字和图表来说话。

第三，用什么方法解决问题？说得直接一点，就是你和你的团队将如何为目标客户提供产品和服务，怎样为客户提供有效的解决方案。回答这个问题，同样需要数据来支撑，不是靠凭空想象出来的夸张形容词。

第四，如何获得收入？这是每一个天使投资人最关心的问题，他们无论怎

---

① 卢爱芳、雷中辉等：《你拿什么吸引我：创业者必知的风投规则》，北京大学出版社 2007 年版。

样给你钱让你去烧，最终的目的都是希望你能获得收入，给他们带来收益。对此，一定要将你准备花多少钱、自己的商业模式以及未来两三年内的收入预期和增长模式及增长预期等情况，用尽可能理性的语言呈现给投资者。

第五，未来将走向哪里？也就是项目未来成长性的问题，你重点要做的是突出如何做到阶段性地成长，这种表达也要建立在可靠、可信、可被证明的增长模式上，而不是信口开河，随意夸大。

相对于风险投资，天使投资的门槛较低，有时即便是一个创业构思，只要有发展潜力，就能获得天使资金，这一点，对广大草根创业者是一个难得的好消息。尽管如此，你也不要认为，你什么都不做就可以吸引来天使。要别人跳火坑，你得自己先跳，你最好是能够将自己的全部家当都投进去，先做出一个产品模型。如果你空有一个创意，那么任何天使都不会眷顾你的。

3. 风险投资筛选项目的标准

2004 年以来，随着盛大、百度、分众、空中、携程、前程无忧、新东方、当当、唯品会、聚美优品、陌陌、京东、阿里巴巴等公司纷纷上市，投资他们的风险投资商基本上都获得了十余倍、数十倍甚至上百倍的回报。在这种财富示范效应的拉动下，国外风险资本纷纷涌入中国，包括红杉、NEA、KPCB 等，美国前十大风险资本都争先恐后地来了。

风险投资，顾名思义，必然伴随着风险，是一个高风险、高收益的行业。风险投资行业，单个项目的投资回报可以高达 20 倍以上，高的甚至可以达到五六十倍的收益，这绝非天方夜谭。例如，如家连锁酒店成功上市后，前期进入的 IDG 获得的投资回报就高达 60 倍之巨；阿里巴巴的上市则为软银带来了超过 400 倍的回报；今日资本随着京东的上市，其投资回报率也达到了 100 倍。

巨大的行业利润空间吸引着不少资金纷纷涌入。更多的资金进入和更多的目光关注也给予了风险投资人更多的压力，很多风险投资人都戏谑地称自己为“疯投”。许多业内人士却对此颇有感慨。

国外一直流行着“三成七败”的说法。的确，风险投资的经验从某种意义上来说是从失败中得到的，没有失败就不是风险投资。人们往往只关注到单个成功的项目，而成功的背后往往有更多的失败案例。两相抵消，综合利润就降下来了。不少业内人士公开表示，风险投资行业的平均利润一般水平是20% ~ 30%。

一个风投基金投十个创业公司，平均来说只有一两个能成功 IPO，还有一两个可能卖掉，更多的只能等待，看着它们是否有一天能够长大，其中有很多可能是颗粒无收，全部赔掉。也正因为如此，风险投资人每作出一个投资决策之前，都要经过谨慎的筛选，要经过高度专业化的调研和一整套的复杂流程。

（1）对项目：万里挑一

我们能够看到的公之于众的投资案例，无不是千里挑一甚至是万里挑一的幸运儿。很多风险投资合伙人一年可能要看几千个项目，但最终决定投资的却不过两三个，他们对项目的挑选可谓千里挑一。

例如，2014 年 12 月，俞敏洪和盛希泰共同创立天使基金——“洪泰基金”。2015 年刚过了一半，洪泰基金就已收到了五六千份来自创业者的商业计划书，洪泰基金从中选取了七八十个项目，投了 4 亿多元人民币。由此可见，创业者和风险投资的联姻之难。

（2）对公司：尽职调查

风险投资人和创业者达成初步的合作意向后，会对创始人、创业公司团队和创业项目进行长期而全面的尽职调查。短则一个月，长则三个月。这个期间，创业项目的市场潜力、创业公司的财务数据、公司的账目往来以及有无法律纠纷，都会被风险投资人翻个底朝天。

在尽职调查中，创业者本人更是重点调查对象，其工作能力、教育经历、家庭背景、性格人品、胸怀等都将是风险投资人尽职调查的对象。风险投资人如此谨慎的目的只有一个，那就是确保自己没有看错人，确保自己投进去的巨额资金能得到妥善运用。

例如，2013 年 2 月，达晨投资了一家名为上海语镜汽车的车联网公司，这家公司生产一种内置 GPS 和 SIM 卡的智能车载设备。作出投资决策之前，达晨的投资经理程仁田将全球车联网的发展现状、趋势、车联网保险等领域全部研究了一遍，光研究报告就有 110 页之多。投资前，为了深入了解项目，他每个月都出差去上海，在语镜公司一坐就是两三天，一聊就是三四个小时。

（3）评估财务指标

评估公司的财务指标，要看收入的质量，而不能看简单的数量。这个收入质量包括：是一次性的收入还是持续性的收入模式；可推算的收入增长度有多大；收入的类别是单一的还是多元的，如果是单一的，那么增长幅度是多少。

在财务指标里，风险投资人一般最看重两点：第一，公司的毛利率有多少，这意味着公司可承担的风险有多大；第二，公司消费和收入的比例，如果消费支出的比例很高，即使收入很高，也有问题。

（4）重视公司的 CFO

为了保证投资款被善用，风险投资人尤其关注创业公司的 CFO 人选，有些风险投资人甚至会直接为创业公司筛选 CFO。

风险投资人这样做的目的，也并不是要控制创业公司，而是想让创业公司的财务管理更加清晰，使财务制度更加透明。更重要的是，CFO 要能够得到 CEO 的信任，二者能够做到开诚布公的友好合作。对此，蓝驰创投（BlueRun）中国合伙人陈维广这样解释说："VC 将几百万美元甚至上千万美元投给一家公司，如何才能保证这笔钱用得恰到好处？在还没有投资的时候，我们就会注意这个公司的 CFO 或财务控制人是谁。他在融资阶段会跟我们打交道，介绍财务报表、市值、经营状态等情况，我们从中可以判断，这个人是不是值得信赖。如果这个人不可信任或者能力有限，我们就会要求换人。很多早期公司都没有合适的财务总监，可能只有一个会计，我们就帮他们找到双方都能信任的 CFO。"[①]

---

① 卢爱芳、雷中辉等：《你拿什么吸引我：创业者必知的风投规则》，北京大学出版社 2007 年版。

（5）股权如何分配

很多创业者都非常担心股权分配的问题，害怕将风险投资引进门之后，会失去公司的控制权。事实上，创业者对此大可不必担心，一些成熟的风险投资人对这个问题看得很开。

著名投资人周鸿祎有其独到的见解："一般 VC 不要谋求做大股东，为什么？我跟某人合办一个公司，我出钱，他不出钱，我有这个公司 90% 的股份，他只有 10%，表面上看是我控制，实际要靠他运转。我真的放 500 万美元在这个公司里，谁天天为这个公司操心？不是他，是我，他对这个公司的死活已经不在意了，他会觉得就算未来挣了 5000 万美元，自己也就分 10%，还不如现在想办法把这 500 万美元装在自己腰包里更实惠。但是如果反过来，我投了 500 万美元，我只占 20%，他拥有 80%，他肯定会天天玩命地干。VC 要的就是这种精神：我们烧钱，他烧青春，因为干成了他挣的钱比我们多。"①

4. 股权融资的实操路径

对创业公司来说，融资一直是个大问题，也是一门大学问。但在融资的问题上，创业者们的具体情况却天差地别。有的人一年几次融资，迅速成长为行业的独角兽，有的创业者却没融到一分钱，还有的创业者虽然成功融资，但自己却净身出户了。

如何才能快速有效地获得融资，融资时又该注意什么呢？这里提供了几条基本逻辑，以供创业者们参考。

（1）公司初创期要珍惜股权

一个刚上线或者刚运营不久的创业项目，在没有产品、没有用户、没有市

① 卢爱芳、雷中辉等：《你拿什么吸引我：创业者必知的风投规则》，北京大学出版社 2007 年版。

场、没有收入、没有盈利的情况下，很难对它进行准确的估值。这种情况下，就不能仅仅依赖投资人对项目的价值判断来进行定价，创业合伙人心里也应有一杆秤，对创业公司要有信心，不要低估其价值。

在出让股权时，务必要珍惜。假如在公司起步阶段，避免融资不讲原则地退让，哪怕是出让控股权也在所不惜，这样很可能就会被资本所反噬，被投资人牵着鼻子走，失去自己的初心，导致创业公司误入歧途。

（2）筛选投资人

对于外部投资，什么钱可要，什么钱不可要，要有自己的原则和底线，不可来者不拒。创投行为是一项双向选择，投资人在考察公司和团队的同时，创业合伙人也要加强对投资人的考察和筛选。

第一，对天使投资，尽量选择那些资金实力雄厚、拿闲余资金投资的人。这类投资者往往具有风险投资意识，心态也比较平和，赚了大家皆大欢喜，赔了也无所谓。

第二，对投资公司，则要看其股权结构是否合理，是否存在纠纷和隐患，看其控股股东是谁。

第三，对思维、作风、观念差距与自己过大的投资人，要谨慎一些，因为思维上的鸿沟，行事风格、观念上的差距，会让创投双方合作起来非常困难。可以设想一下，公司老板引入了一个“天使”，然后他在公司内部安插自己的眼线，想方设法来监督公司，干预公司日常经营，这样的后果可想而知。

（3）不要给一票否决权

有些外部投资人所占股权比例虽然比较少，不具有控制权，但往往会在公司经营、资金使用、人员任用等方面要求拥有一票否决权。这会使创业团队束手束脚，严重影响创业公司的发展。

因此，为了避免给自己找麻烦，对于要求一票否决权的投资应予以拒绝。

（4）留下股权空间

现代公司，出于发展的需要，往往需要经过多轮融资，为了给后续投资者留下投资空间，就要提前做好制度设计。

第一，预留足够的股权空间，为新的合伙人加入、投资资金进入、团队及员工激励留出余地。

第二，约定股权同比稀释。例如，某公司创始人占股 80%，外部投资人占股 20%，已经将股权充分“瓜分”，对于这种情况，就要提前做好“股权同比稀释”的约定，以给后面的股权分配留下空间。具体操作方式为，如果公司估值为 2000 万元，需要融资 500 万元，出让 20% 的股权，那么原创始人和投资人的股权就要被同比稀释掉 20%，稀释后的三方持股比例为：64%（稀释掉 16 个百分点）:16%（稀释掉 4 个百分点）:20%。

5. 知悉投资人的投资逻辑

投资者有很多种，一家创业公司的完整投资链条，不仅包含天使投资和风险投资，还包括私募股权投资（PE）和 IPO。要了解投资人逻辑，这里有必要来梳理一下这个投资链条中各个投资方的投资节点和投资追求。

这里，我们只探讨最常见的三类投资方：天使投资、风险投资（VC）和 PE。如果把一个初创公司比作一个学生，那么天使投资人培育的一般是幼儿园阶段的学生，萌芽阶段；风险投资机构青睐的一般是中小学生，快速成长阶段；PE 则往往着眼于投资高中生、大学生，处于成熟、收获阶段。

（1）天使投资人的逻辑

天使投资人一般是创业者的朋友、亲戚或合伙伙伴，由于他们对创业者的能力和创意深信不疑，因而愿意在创业公司业务远未开展起来之前就向创业者投入大笔资金。一笔典型的天使投资往往只是区区几十万美元，是风险资本家随后可能投入资金的零头。

天使投资对回报的期望值并不像风险投资那么高，不过也要10倍到20倍的回报才足够吸引他们。这是因为，他们作出投资决定时，往往在一个行业同时投资10个项目，最终只有一两个项目可能获得成功，只有用这种方式，天使投资人才能分担风险。

天使投资是一种参与性投资，也被称为增值型投资。投资后，天使投资人往往积极参与被投资公司的战略决策和战略设计，为被投资公司提供咨询服务，帮助被投资公司招聘管理人员，协助公关。

（2）风险投资的逻辑

相对天使投资，风险投资方要正规和严格得多。他们的投资对象多为处于创业期的中小型企业，且多为高新技术企业。风险投资方作出投资决策之前，要经过高度专业化的调研和一整套的复杂流程。

风险投资人的投资期限大多3～5年，投资方式一般为股权投资，通常占被投资企业30%左右股权，而不要求控股权，也不需要任何担保或抵押；风险投资人一般积极参与被投资企业的经营管理，提供增值服务。

由于投资人的目的是追求超额回报，追求“快速获利，套现退出”，所以当被投资企业增值后，风险投资人会通过上市、收购兼并或其他股权转让方式撤出资本，实现增值。所以，风险投资人的投资逻辑就是：资金注入以后，公司就要不断增值，当下一个投资人进来时，需要付出更大的代价才能换来同样的股份。比如，风险投资人甲投资某初创公司1000万美元，得到了20%的股份，那么，下一个投资人可能要花2000万美元甚至更高的价格才能买到同样的公司股份。

创业公司的成长过程，往往也是烧钱的过程，需要不断地引入更多的资金，所以会有一批又一批的风险投资人愿意把钱投入创业公司里来。每经过一轮融资，公司估价就相应提高，在这个过程中，早进来的风险投资人的持股不断增值，后来的风险投资人不断对公司重新溢价认价，公司的价值也就不断地翻倍。

（3）私募股权投资的投资逻辑

私募股权投资（Private Equity）简称PE,PE的资金来源一般包括富有阶层、风险基金、杠杆并购基金、战略投资者、养老基金、保险公司等。

PE基金一般是通过私募形式募集资金，对私有公司，即非上市公司进行的权益性投资，从而推动非上市企业价值增长，最终通过上市、并购、管理层回购、股权置换等方式出售持股套现退出的一种投资行为。

PE比较偏向于已形成一定规模和产生稳定现金流的企业，这一点与风险投资有明显区别。投资期限较长，一般可达3年至5年或更长，属于中长期投资。

PE的投资退出渠道多样化，有IPO、售出、兼并收购、标的公司管理层回购等。

6. 掌握好融资节奏及底线

“公司控制权保卫战”这个命题之所以存在，是由于公司的股权在融资中被不断稀释。当创始人手中的股权被摊薄到一定程度时，必然会出现公司控制权的问题。从这个结论来逆向推演的话，就提醒创业者在股权融资的过程中，要把握好融资的底线，要掌握好股权出让的比例和节奏。这不仅为后续的再融资、公司内部的期权池留下余地，同时也给公司掌控权的操作留下足够的回旋空间。

在企业发展早期，创始人为了获得公司发展所急需的资金，往往不惜代价地出让股权，这必然会埋下隐患。而如果创始人能够在格局上放开阔一些，对自己的项目更自信更有底气一些，把握好融资的底线，那么将会给自己争取到更好的融资条件和发展空间。众所周知，沃尔玛在战略入股1号店之前，首先考虑的是入股京东。由于沃尔玛主张公司控制权，被京东断然拒绝，双方没有谈拢，沃尔玛才又找上了1号店。所以，我们才看到这两家B2C电商截然不同的命运。

公司创立早期进行股权融资时的估值和股价通常会比较低，随着公司的发展壮大，估值和溢价会越来越高，融资过程中对股权的出让额度会越来越低，对创始人股权的稀释效应也在递减。因此，公司创始人要把控好融资过程中的平衡，既要确保公司发展所必需的现金流，同时兼顾公司控制权不丧失。

通常，按照正常的融资路径，一个公司需要进行五六个轮次的融资：第一，种子轮。通常是创始人和合伙人出资，注册公司，启动项目。第二，天使轮。融资规模通常不大。第三，A 轮。如果公司发展不错，会有风险投资跟进。第四，B 轮。公司在资金助推下，迅速成长起来。第五，C 轮。公司发展到行业前三，更多资本进来。第六，D 轮。公司看到上市希望。

【案例】

公司极简融资史

甲乙二人共同出资创立了 A 公司，两人根据出资比例划定的股权结构为 70%∶30%，此时公司的股权结构为：

股东	持股比例
甲	70%
乙	30%

半年后，某天使投资人看好公司发展，双方经过评估，给出的公司估值是 1000 万元，天使提出投资 200 万元，占股 20%，创始人的股权要进行同比例稀释。

此时：

股东甲所占的股权为：70%×（1−20%）=56%

股东乙所占的股权为：30%×（1−20%）=24%

天使轮融资后，公司的股权结构为：

股东	持股比例
甲	56%
乙	24%
天使投资人	20%

此后（这里假定一个简单的情形），A轮、B轮、C轮、D轮，公司都会拿出相应的股权给新的投资人，其股权稀释过程见下表：

股东	初始股比	天使轮股比	A轮股比	B轮股比	C轮股比	D轮股比
甲	70%	56%	44.8%	38.08%	34.27%	30.84%
乙	30%	24%	19.2%	16.32%	14.69%	13.22%
天使投资人	/	20%	16%	13.6%	12.24%	11.02%
A轮投资人	/	/	20%	17%	15.3%	13.77%
B轮投资人	/	/	/	15%	13.5%	12.15%
C轮投资人	/	/	/	/	10%	9%
D轮投资人	/	/	/	/	/	10%
总计	100%	100%	100%	100%	100%	100%

公司每一阶段融资出让股权比例的大小，都会对后续投资人的进入和股权出让比产生直接影响。通常，在天使轮出让股权比例建议在10%到20%，越低越好，尽量不要超过30%。这样，创始人才能占据主动权。

后续融资，每轮股权出让比例一般视投资人的出资额度具体来定，一般处于递减状态（在天使轮投资后天使人得到股份比例基础之上）。另外，最关键的一点就是，创始人对于公司的发展和融资情况要有总体的提前规划，要充分考虑到伴随股权的不断稀释所产生的公司控制权争夺，并作出相应预案和应对措施。

第九章　股权众筹：筹钱、筹人、筹智

1. 股权众筹的目的

股权众筹是指公司出让一定比例的股份，吸引普通投资者投资，以股权换投资。公司出让的是股权，得到的是公司发展急需的资金，而投资者获得的是股权和未来的收益权。

创业过程中，资金是一个最重要、最根本的因素，股权众筹的首要目的是筹钱，但筹钱并不是股权众筹的唯一目的。

（1）筹资金

从传统视角看，创业者要获取启动资金，无外乎以下几个途径。

第一，自有资金积累，主要是通过一己之力来备齐启动资金。这种方式对创业者而言，压力比较大，且局限性较大，不能有效借助外部资源。

第二，借款，即通过向家人、朋友筹借，来完成创业资金准备。家人和朋友与创业者关系较近，创业开始时容易接触到，但是这一类非专业投资者往往可以同甘，但是不能共苦。如果在项目开展进程中遇到麻烦时双方无法用专业的语言进行沟通，投资人很有可能撤出资金或者进行非理性的干预，使创业者面临很大的风险。

第三，银行贷款。银行贷款审核过程烦琐，批复时间长，而且国内的中小创业者拿到银行贷款困难也较多。

第四，企业发展初期的天使投资和风险投资。天使投资和风险投资都会追求早期投资的高回报，有高回报特征的行业一般为高成长性行业或者带有连锁模式的传统行业，如高科技、生物科技、TMT（科技、媒体和通信）、硬件、连锁餐饮类。而微创业项目往往不具备高成长性，不受风险投资和天使投资青睐。此外，天使投资人进行背景调查和尽职调查时在地域上有限制，通常天使投资人会寻求附近的项目，导致有些创业者不易得到投资人的关注。

能够看得出，以上几种筹资途径，对于普通创业者，只能是望梅止渴。基于这样的市场环境，作为破解当前融资难、融资贵的新型融资渠道——股权众筹就应运而生了，它能够满足普通创业者对资金的迫切需求。股权众筹是初创企业能够获得最低成本、最高效益的一种有效融资途径，能为初创企业带来附加价值。

（2）筹人、筹智、筹资源

一些成长中的企业不仅仅需要资金，往往还需要技术、管理、资源、人脉等。所以股权众筹，其实不仅仅是筹钱，更重要的是筹人才、筹智慧、筹资源。其中的关键是筹人，找到合适的人，合适的股东，那么资源、技术、人脉和智慧也就随之而来。

相较于筹钱，绝大部分项目创始人更看重的是“筹人、筹智、筹资源”。例如，摆谱鸭店是一家众筹餐厅，公司创始人出让了不到 20% 的股权，引入了 30 余名股东。餐厅创始人张文成的格局很开阔，他称：“我最需要的，并不是这 30 多个人投资的四五十万元，而是需要他们的人脉圈子，需要他们在营销上的传播力量以及他们背后隐藏的资源……最简单的，每个人在他的朋友圈宣传一次，然后再通过这些人的朋友圈辐射出去，最后可能有上万次的转发效果。”①

① 《资金之外，还要筹人筹智筹资源》，搜狐网，2016 年 5 月 6 日。

【案例】

股东阵容豪华的众筹咖啡馆“3W”

2015 年 5 月 7 日，一家鲜为人知的咖啡馆登上了财经新闻的头条。这家咖啡馆叫“3W”，当然让它登上头条的并不是咖啡本身，而是李克强总理在这家咖啡馆喝了咖啡，这家咖啡馆位于中关村创业大街，当时联想集团董事局名誉主席柳传志作陪、讲解。

这家大名鼎鼎的 3W 咖啡采用的就是股权众筹模式，向社会公众进行资金募集，每个人 10 股。该项目发起之初，在微博上号召，进而在投资圈内进行股权融资，每股 6000 元，每人约购买 10 股，相当于一人投资 6 万元，吸引了约 180 位投资人，包括许多比较知名的天使投资人、风险投资人、TMT 领军人物，股东阵容非常豪华，其中有新东方联合创始人徐小平、红杉资本创始人沈南鹏、北极光创投合伙人姜皓天、枫谷投资董事长曾玉、《创业家》社长牛文文、去哪儿网 CEO 庄辰超、淘米网 COO 程云鹏、腾讯联合创始人曾李青，以及众多来自腾讯、百度、新浪、搜狐、盛大、金山、阿里巴巴、谷歌等公司的高管。

显然，股权众筹引入的投资人的价值不仅仅在于他们能够为企业注入资金，更重要的是当他们成为股东之后，通常会不遗余力地引入各种资源，并自发进行宣传，进行推广。而企业通过众筹股东的这种口碑传播所获取的用户不仅成本低，而且其黏性及忠诚度上也更甚于常规推广渠道过来的用户。

2. 股权众筹的基本原则

客观地讲，企业采取股权众筹的形式来融资，恐怕很大程度上是找不到合适的融资途径。如果能找到其他融资手段，我想很多老板的第一选择肯定不会去众筹。从另一个角度看，这也恰恰表明企业不足以吸引到天使投资人和风险投资人的目光。另外，股权众筹只是企业融资的一种手段，而非企业成功的救命稻草。因此，必须遵循前文谈及的企业股权分配的基本原则。

（1）发起人要拥有企业控制权

进行股权众筹融资，发起人不仅要做形式上的主导者，还要做事实上的企业掌控者，必须是企业的大股东，必要的时候要掌握控股权。比如，发起人（或发起人团队）掌控公司51%的股权，拿出另外的49%进行股权众筹，或留出相应的期权池，用来吸引后续资金以及内部团队和员工的激励。

企业掌控人要做能够一锤定音的决策者，能为企业发展避免隐患，避免股权过于分散，出现企业决策上的难题和其他分歧。另外，发起人作为大股东，本身又是企业掌控者，他们就会想方设法去维护企业利益，维护个人利益，这等同于是在维护投资人的利益，能够更好地为投资人赚钱。但实际中，很多众筹项目都趋向于均分股权，或者是无限分散股权，导致企业没有说了算的老大，这样的企业存活时间往往很难长久。

【案例】

“众筹”变“众愁”

2012年2月，长沙女孩李婷在网上发帖，希望以股权众筹的形式召集“很多人”来开一家咖啡馆，大家一起投钱，一起参与咖啡厅的筹建、经营管理。她的股权众筹条件很简单，人人都可以入股，每个人只要出资3000元或3000元的倍数，但最高不超过3万元，就可以成为咖啡馆的老板，其他再也没有任何限制和要求。

帖子一出，一时应者云集。短时间内，就吸引了120余人参与，筹资60万元，这些发起人注册成立了很多人文化发展有限公司。

这起股权众筹活动，曾轰动一时。不过，这种模式的隐患很快就凸显了出来。

股东就位，资金到位，公司成立后，接下来的首要工作就是选址。这时，120多名股东发挥的不是“人心齐、泰山移”的作用，而是各抒己见，各有各的看法和倾向。在经过漫长而又详尽的开会、争执、对比、调研过程后，解放东路的一处店址终于获得了大部分股东的认可。

店址既定，紧接着要进行店面装修，股东们在选址时的意见不统一状况再次上演，发起人李婷作为店面装修的负责人，在股东中间反复协调，多次征求意见，经过无数次修改后，才确定了最终方案。

咖啡馆开业后，推行的是众人民主式管理，民主有了，效率却很难兼顾。事实上，很多人咖啡馆的股东大部分人都是门外汉，并不懂咖啡馆的经营与管理，却又都想参与咖啡馆的日常管理。这样一来，董事长、董事和监事们就不得不花费大量的精力和时间来征求大家的意见，周旋于各个股东之间，找到决策的平衡点。如此管理模式，其效果可想而知。

开业之后，很多人咖啡馆就一直处于亏损状态。到 2013 年 6 月，股东们众筹的 60 万元只剩下 10 万元左右，很多股东也失去了当初的创业激情，纷纷选择将受众股权转让。

出于自救的考虑，很多人咖啡馆的股东们就内部选出了 3 名负责人，让他们来承包咖啡馆，先试行半年，如果半年后有盈利，再给股东们分红。

在艰难维持两年之后，很多人咖啡馆自救措施的成效也不是很明显。2015 年 7 月，很多人文化发展有限公司决定将咖啡馆全部转让给一对夫妻股东，实现产权转移。曾经喧嚣一时的股权众筹咖啡馆，就此烟消云散。

很多人咖啡馆的失败并不意外。在众筹阶段，发起人对股东没有任何筛选和限制，也未从股权份额上区分出相对的大股东，由于股东众多，内部矛盾和分歧就比较多，内部所出现的种种结果均不受个人意志所控制。而数量众多且背景不同的股东，都想在咖啡厅运营中表达自己的意见，导致大家各执一词，工作效率极其低下，决策周期漫长，势必会消磨他们的热情，这种负能量最终会传达到咖啡馆。

股权众筹还是应该按照公司治理的相关制度，确保有几个占主导权的大股东。大股东投的钱多，他们会更加关注资金的安全，也可以有更多的发言权，便于意见的集中。

（2）股权众筹成功只是融资的成功，不代表企业的成功

选择股权众筹的企业，除在资金筹集方式上的创新外，与其他企业没有任何区别。股权众筹本身的成功，绝不等同于企业经营的成功，这充其量是企业融资的成功，是暂时解决了资金问题，但也只不过是万里长征的第一步。

股权众筹的发起人如果忽视了创业的本质，忽略了股权融资的本质，忽略了企业运营的本质，没有解决好企业发展、市场拓展、公司盈利以及股东退股、转股、分红等问题的话，那么企业经营过程很可能会难以为继。所以，万万不可舍本逐末。

3. 建立众筹对象的准入机制

股权众筹需要走出一个最大误区——不论是谁，只要投钱，就可以成为公司的股东。

股权众筹一定是双向选择。投资者在考察发起人的股权众筹项目，而发起人同样需要对投资人进行筛选。要去深度了解你的盟友，中间需要一个磨合和了解的过程，再确定谁能成为你的股东。也就是说，要建立起股权众筹对象的准入机制，切不可来者不拒，什么人的钱都要，什么股东都吸纳进来。

【案例】

1898 咖啡馆的众筹股东筛选

1898 咖啡馆也是一家众筹模式的咖啡馆，核心发起人非常注重股东的选择和搭配。由于核心发起人母校为北京大学，他们的众筹股东也是在北京大学校友中找寻。为了实现多元化的股东架构，其目标人群覆盖了 1971 级到 2000 级的北大校友，其中以“70 后”为主，这类人事业上已经有了一定积淀，但仍处于爬坡期，创业激情还在。

1898 咖啡馆发起人希望打造的理想股东结构为：出钱、出资源、出经验的

是“50后”“60后”校友，主导和干活的则是“70后”“80后”校友；从职业背景上，股东要形成一个完善的创业生态链，从天使投资到财务、企业运营、法律等各种人脉都要覆盖到。

咖啡馆的目标股东人数是200人，不过发起人心态很平和，决定先搞定一个三四人的核心股东团队，大家充分磨合，深入沟通，待形成共识后，再扩大核心股东人数；第二阶段的股东人数为10人，两批股东之间会再沟通，再磨合，及至形成共识，为后期的快速发展奠定基础，而不是急于求成。

发起人挑选的核心股东都是自己非常熟悉的人，不熟悉的人绝不吸纳。发起人搞定了前两批的核心股东，再由核心股东分别推荐引入新的股东，并要遵循以下标准：第一，要看股东是否符合项目的股东整体架构设计，不仅仅是有钱、有名、有地位就可以进来，更要看股东的实力、诚信度、胸怀、性格和格局等；第二，要看推荐人是谁，通常靠谱的人推荐的人也不会差到哪儿去；第三，200名股东共事，合作氛围很重要，进入的股东要是那种合群、有度量、大智若愚的人。

这样，经过前期的核心团队磨合以及后期对投资人的严格筛选，就将很多潜在风险提前释放或提前规避了。

在众筹过程中，一切单纯以筹钱为目的（不考虑钱的背景和背后的人）的众筹都是发起人的误解。进行股权众筹需要转变思路，要以筹人为目的，要做好投资人的筛选，只有志同道合的人来了，财富才会接踵而至，其他的资源自然也不会落下。否则，人的问题解决不好，单纯解决了资金问题也是徒劳。

讲到这里，我们可以简单为企业股权融资的对象，即理想的投资人做一个画像：首先，他们要具备一定的资本，手里有闲余的资金可用于投资；其次，他们要能够为众筹企业带来某种资源（人脉、经验、专业度、技术、智慧等）；最后，他们要具备开放的心态、开阔的视野、宏大的格局，投资、帮忙但并不添乱，他们相信要让专业的人做专业的事，而不会无缘无故去干涉公司日常经营，还会尽可能用自己掌控的资源去帮助企业成长。

一个合格的众筹投资者还需要具备这些素养：第一，拥有可以自主支配的投资资金；第二，对经济、政治、金融等领域具有敏锐的嗅觉与观察能力；第三，熟悉投资项目的运作流程；第四，有风险防范意识，心态成熟，能够承担投资失败的损失；第五，对投资项目能够客观分析，有能力自主判断项目未来走向与市场前景；第六，熟悉相关政策法规，能帮助自己或投资对象规避政策和法律风险。要找到如此理想的众筹投资人，不是一件容易的事。显然，我们身边的那些普通人不具备这些条件，因为众筹投资者并非只是简单的财务投资。

经过层层筛选后，股权众筹的投资人往往是如下人群。

（1）投资爱好者

这类人把投资当作爱好，而非职业，通常用来投资的也是自己的闲散资金。他们有正常的收入来源，不以投资为生，不会过于纠结投资失败所带来的损失。

另外，作为爱好，他们就喜欢深入研究，投资前通常会认真且仔细地去评估项目的质量及成功的可能性，并且只挑最好的下手。这一点同股权众筹发起人的需求，其实是不谋而合的。

（2）职业私人投资者

他们热衷于投资，拥有强烈的风险意识，会谨慎对待每一次投资。能引得这类人的青睐，同时也恰恰说明了投资项目的靠谱。他们非常精明，会想方设法保障自己投资的安全。同时，他们很清楚作为投资人，自己应该做什么，不应该做什么。

（3）天使投资人

天使投资人拥有真正意义上的投资人思维，他们会密切关注与项目成功有关的一切重要元素，如企业的商业模式、财务模型、核心团队、运营理念、营销推广、投入产出等。

天使投资人的投资额度通常会比个人投资者要高，他们对项目的审核也比较严格，提出的问题也会比较犀利和实际。

（4）机构投资者

机构投资者包括一些私募或公募基金，近来这些机构投资者也开始加入众筹投资人的行列。他们在运作和项目考察上会更加规范，投资额度也会更大，能够对企业的发展带来积极的帮助和指导。

（5）国际投资者

目前，很多国外投资机构和基金也瞄准了国内的众筹投资领域，他们的运作模式类似机构投资者，试图寻找回报率良好的可靠项目，让资产增值。

4. 股权众筹实操流程

相对于传统融资方式，股权众筹融资可大大提高融资效率。传统模式下，一天下来，创业者只能接触到几拨投资人，投资人也只能接触到几个项目。而通过互联网众筹平台进行的股权融资，一个项目每天都会被数以万计的人看到，投资人更是可以方便地从几百上千个项目中进行筛选。

（1）股权众筹的参与者

股权众筹是一个系统工程，主要参与者包括筹资人、投资人、众筹平台以及托管人。

第一，筹资人。筹资人是股权众筹的发起人，通常是为了解决企业运营或创业项目所需资金而进行的股权出让行为，他们借助股权众筹平台来发布详细的融资信息和股权出让情况。

第二，投资人。股权众筹的投资人既包括前面提及的几类投资人，也包括具有投资意向的其他互联网用户。对某些小微投资的项目，他们深知通过在线支付的方式进行投资，可以获得数额相对较少的股权。

正如前文所讲，并非所有持有资金的人都可以成为股权众筹的投资人，实际上，不仅仅是发起人在筛选投资人，各大平台对投资人也有相应的准入标准。例如，京东众筹平台对投资者的要求是：最近 3 年个人年收入不低于 50 万元，个人所持有的金融资产不低于 300 万元，如果投资者是公司高管或基金、信托、证券行业从业人员，则必须具备 3 年以上的风险投资经验，并且要有相应的成功案例；京北众筹对投资人的要求更高，即需要 500 万元以上的流动资产，能够拿出 100 万元以上的资金用于股权投资；云投汇设置的准入门槛相对较低，但也要求投资人具有 30 万元以上的家庭年收入和 100 万元的净资产。

第三，众筹平台。众筹平台具有较广的受众，是发起人进行股权融资的媒介和平台，两端连接着发起人和投资人。他们在法律法规许可的范围内，将发起人的融资情况发布于公开平台上，供投资人挑选。股权筹资成功后，平台还要负责对双方进行监督，以确保股权众筹合作的顺利进行。常见的众筹平台有以下几类（见下表）：

类别	代表
第一，大公司背景的平台	京东众筹、平安众筹、阿里众筹等
第二，专业众筹公司	轻松筹、兴汇利众筹
第三，新型互联网众筹平台	36 氪
第四，综合性众筹平台	梦想汇

第四，托管人。托管人是众筹平台的委托人，他们的责任是确保投资人的资金安全，同时做到在筹资不成功时将已筹集资金退还给各个投资人，并对众筹资金的用途和流向进行监督，以保障投资人的权益。

（2）股权众筹操作流程

股权众筹操作流程如下。

第一步：项目申报

即股权众筹发起人向有关众筹平台提交自己的筹资计划书或商业计划书，并设定拟筹资金额、可让渡的股权比例及筹款的截止日期。

想要自己的项目在第一时间就能抓住审核者的眼球，有好的创意和文案固然最好，如果没有，那么将项目尽可能细致地通过多种形式多种角度呈现出来也能起到很好的效果。另外，大多数众筹网站都会要求梦想发起人填写个人背景资料。完整的经历，对项目有帮助的背景信息，都会提高发起人的个人可信度和支持者对于项目的信心。

第二步：平台审核

众筹平台会对筹资发起人提交的筹资计划书或商业计划书进行审核，审核内容主要包括发起人的背景、实力、项目可行性、未来前景及投资价值等，必要的时候平台相关人员会同项目发起人进行面谈。

比如，京东众筹平台对项目的筛选标准是：好的团队 + 有前景的商业模式 + 资源匹配度 + 渠道，其中最重要的是有好的发展前景，而前景要通过项目方的商业模式、诚信等展现出来。

第三步：项目发布

股权众筹项目审核通过后，会在平台网站上发布详细的项目信息和融资信息。

第四步：筹资阶段

项目上线并面向目标投资者推广，对项目感兴趣的投资机构或投资人可在约定的期限内以相应方式实际交付资金或承诺交付。

第五步：融资结束

通过股权众筹平台进行的融资活动，通常会有一个期限。期限截止，融资活动即告结束。达成融资目标的，筹资人同各投资人签署正式的投融资协议；没有达到预期融资目标的，则需将已筹集资金退还各投资人。

5. 股权众筹的法律风险防范

股权众筹在国内发展迅速，但这种融资模式如今依然游走在法律法规的模糊地带，国家并没有制定正式的专门法律法规来约束股权融资行为。

2014 年，中国证券业协会发布了《私募股权众筹融资管理办法（试行）（征求意见稿）》。该管理办法提到了众筹融资面临的一些问题和风险：“由于缺乏必要的管理规范，众筹融资活动在快速发展过程中也积累了一些不容忽视的问题和风险：一是法律地位不明确，参与各方的合法权益得不到有效保障；二是业务边界模糊，容易演化为非法集资等违法犯罪活动；三是众筹平台良莠不齐，潜在的资金欺诈等风险不容忽视。”该办法征求意见稿出台后，一直没有正式的文件问世。因此，在股权融资实操中，大多还只能参照一些相关法律法规的规定，如《证券法》《公司法》《国务院关于进一步促进资本市场健康发展的若干意见》（国发〔2014〕17 号）等法律法规和部门规章。

股权众筹行为可能涉及的法律风险主要有以下几项。

（1）股权众筹发行的法律风险

股权众筹发布环节，目前主要涉及《证券法》的相关规定，该法第九条这样规定：“公开发行证券，必须符合法律、行政法规规定的条件，并依法报经国务院证券监督管理机构或者国务院授权的部门注册；未经依法注册，任何单位和个人不得公开发行证券。证券发行注册制的具体范围、实施步骤，由国务院规定。有下列情形之一的，为公开发行：（一）向不特定对象发行证券；（二）向特定对象发行证券累计超过二百人，但依法实施员工持股计划的员工人数不计算在内；（三）法律、行政法规规定的其他发行行为。非公开发行证券，不得采用广告、公开劝诱和变相公开方式。”

另外，《刑法》和《最高人民法院关于审理非法集资刑事案件具体应用法律若干问题的解释》规定“擅自发行股票、公司、企业债券罪”的构成要件包括：① 未经国家有关主管部门批准；② 向社会不特定对象发行、以转让股权等方式变相发行股票或者公司、企业债券，或者向特定对象发行、变相发行股票或者公司、企业债券累计超过 200 人；③ 数额巨大、后果严重或者有其他严重情节的。

这里的问题是：第一，如何认定公开发行？我们知道，公开发行证券一般要求公司组织形态要为股份有限公司，要具备健全的组织结构和良好的盈利能力，而进行股权众筹的多为创业公司或中小型成长性企业，显然并不符合公开发行证券的条件。

第二，“不特定对象”怎么解释？股权众筹有两个红线不能碰，一是向不特定的公众发行股份；二是向超过200位特定的人发行股份。那么，如今通过互联网等平台向目标受众发布股权众筹计划，属不属于向“不特定对象”发行就成为一个问题了。

第三，对于非公开发行，采用广告、公开劝诱和变相公开方式这些规定究竟是什么意思？因为绝大多数股权众筹行为显然不具备公开发行证券的条件，因此只能不公开发行了。那么，在这里如何规避非公开发行中法律规定的不得采用广告、公开劝诱和变相公开方式就是一个问题了。

（2）非法集资认定风险

非法集资，是指未经批准，以发行股票、债券、彩票、投资基金证券或其他债权凭证的方式向社会公众筹集资金，并承诺在一定期限内给以货币、实物、还本付息。

因此，股权众筹行为必须同非法集资犯罪区分开来，需要注意的是，股权融资同非法集资一样也是通过网络途径向社会公众筹集资金，但是它的出发点同非法集资有着本质区别。

非法集资是行为人非法吸收公众资金，用于货币资本的经营（发放贷款），扰乱了正常的金融管理秩序；股权众筹融资则是用于企业或实体项目的经营，并非用于资本投机。

另外，判定二者区别的还有一个重要标准：非法集资往往承诺投资者远高于银行利息的回报率，而股权众筹融资则不承诺固定的回报率，相反，投资者获得股东身份后，不仅享受股东权益，同时还要分担风险。

在实操中，股权众筹行为切记不要偏离现行法律规定，以免惹祸上身。

（3）民事法律风险

目前，众筹平台鱼龙混杂，各众筹平台参与者众多。如果众筹平台对于项目审核不严，导致投资者的资金被骗，或者因股权众筹项目发起者违约，导致投资者的资金遭受损失时，都有可能招致大量的民事诉讼。

（4）刑事诈骗风险

如果股权众筹发起人在募集资金时，向投资者发布虚假信息，导致投资者被蒙蔽而作出投资行为的，有可能构成集资诈骗罪。另外，在融资成功后，如果发起人未按事先承诺合理使用资金，也有可能构成此类犯罪。

第十章　风险融资：知己知彼，取财有道

1. 投资人的有色眼镜

我问一个做了十几年投资的投资人："你认为应该去投资一个还在读书的大学生，还是投资一个 BAT（百度、阿里巴巴、腾讯）管理层出来创业的人呢？"他毫不犹豫地说："这还用问，肯定是 BAT 出来的呀！"他又解释说："我们很多投资人，对于那些从 BAT 出来的创业者，给他们投个几千万元是很容易的事，哪怕失败了也没什么，至少人家可靠，值得信任。我们不是不投资那些大学生，而是他们没有什么能值得我们去相信的！"

他的观点使我明白了两点。其一，有些时候不是你有多认真，吹嘘自己有多牛，而是只要做到别人觉得靠谱就够了；其二，投资人审视创业者的时候是戴着有色眼镜的，在他们眼里不同出身、不同背景的创业者早已被私自分了三六九等。这就是投资人的"身份症"！

那么，什么样的企业老板、企业运营团队才能进入风险投资人的法眼呢？

第一，名企出身

出自 BAT、华为、微软、谷歌的创业者，包括其资深工程师和高管，更容易获得风险投资。

第二，名人效应

名人组织团队创业，也更容易获得风险投资人的青睐。比如，雷军带领小米团队创业时，早已功成名就，是知名企业家。再如，新东方的前总裁陈向东，出来创办"跟谁学"，也很容易打动风险投资人为之埋单。

第三，互补型团队

创业团队如果能做到在出身、学历、背景、性格、能力上互补，避免同质型（比如全是技术型、市场型、内敛型、海归型）团队，也更容易获得风险投资。

另外，在互联网时代，如果创业者团队有出身互联网的，有来自传统行业的，如此优势互补的话，风险投资人也会看好。比如，徐小平曾投资过一个从传统企业走出来的人，该创业者从事纺织材料贸易，希望用互联网颠覆中间三四层的产业链。这位创业者本人对纺织贸易了如指掌，而他的联合创始人则是从腾讯出来的，于是，在第一次见面时，徐小平就当场投了他。

2. 何为尽职调查

简单来说，风险投资人们最关注的问题有这样几个：

第一，你靠什么赚钱？（关于企业商业模式）

第二，你的上下游是谁？（关于企业业务模式）

第三，如果我投你亏了怎么办？（投资保障机制）

第四，我给你的钱你都花在了什么地方？（资金走向及用途）

以上问题，融资者要给出妥善而合理的解答。而在企业和风险投资人就投资事项达成初步共识后，双方会签订一个投资意向书。接下来，风险投资人将对投资目标进行详尽而全面的尽职调查。毫不夸张地讲，在尽职调查过程中，风险投资人丝毫不怕麻烦，他们会将企业的方方面面翻个底朝天。风险投资人的尽职调查，主要了解四方面的信息。

（1）人员信息调查

投资，在很大程度上就是投人。在尽职调查中，人的因素是重中之重，几乎所有的风险投资人都把对目标公司合伙人团队、高管团队的尽职调查放在第一位。除了工作能力，风险投资人对创业者的人品、胸怀、格局等要素也很看重，因为他们要确保自己投进去的巨额资金能够得到善用，而人品欠佳者会让他们产生一种不安全感。

因此，风险投资人对于公司创业团队核心人物的调查是最全面的，也是最用心的。他们会对所有有可能影响投资决策的个体因素进行调查，如人生经历、教育背景、性格情况、职业背景、有无犯罪经历、诚信状况等。

有时候，风险投资人不仅仅调查公司创业团队的成员，还会从侧面调查他们的声誉，以及他们的家人、朋友、伙伴对他们的看法。据说，甚至还有风险投资人会聘请专业的私家侦探去调查公司创业者及其家人情况，以确保自己不会看错人。

最后，风险投资人才会得出一个综合结论，来决定是否投资。

（2）财务信息调查

财务信息调查主要是对公司提交的财务报表和财务信息的真实度、健康度进行调查。风险投资人通常会选择四大会计师事务所的职业会计师，对目标公司的财务状况进行一次全面审阅，主要是看收入确认原则、折旧原则是否合理，有无偷税漏税情况和其他财务风险，以及以下领域的详细情况。

第一，公司资产情况

① 公司固定资产清单，包括自有资产及租赁资产；

② 上述固定资产产权文件的复印件，包括所有原始发票、购买合同等；

③ 上述固定资产设置的抵押、质押或其他担保文件；

④ 劳动、人事情况公司所拥有的、许可的或被许可的所有登记的或未登记的知识产权清单，包括专利、商标、域名、版权、商业秘密、数据库等；

⑤ 知识产权申请登记、已登记的证明，许可或被许可有关的文件的复印件。

第二，公司借款、融资情况

① 公司作为贷方或借方的所有借贷合同以及所有附件的复印件，以及前述借贷合同的履行情况信息资料；

② 公司在上述借贷协议项下违约（若有）情况的信息资料；

③ 公司所签发的所有担保和补偿文件；

④ 关于向股东或其关联方提供借款或者从股东或其关联方取得借款的协议，详述利率、金额、提款日和还款日以及任何相关的担保；

⑤ 关于公司就股东或者股东的关联方的债务向第三方提供担保的协议。

第三，公司财务、税务情况

① 公司成立以来的经审计的年度财务报告、审计报告及相关的账册、凭证；

② 公司的财务管理制度；

③ 公司主要债务，列明贷款银行及债权人名称、借款金额、期限、还款日；

④ 公司近三年经营活动产生的现金流量情况；

⑤ 公司及其子公司于最近交税年及现有未结束年度之报税表（税务规定、纳税鉴定和完税凭证或税务单）。

（3）业务信息调查

风险投资人会通过同目标公司的股东、管理层、员工、客户、合作伙伴进行详细交流，来了解公司的业务模式和盈利模式。风险投资人需要了解的业务信息包括但不限于：

① 公司主营业务介绍；

② 公司主营业务的所有客户名单及合作协议；

③ 是否有客户会因本次投资而停止或减少其与公司的交易；

④ 公司及其子公司、实际控制的公司所开展的业务情况；

⑤ 与关联方进行的交易相关的协议；

⑥ 近三年来，违约客户名单及详情；

⑦ 与公司所提供的业务有关的责任索赔（5 万元人民币以上）；

⑧ 对本行业国内外市场需求状况、特点及未来发展前景的描述；

⑨ 有关国家对本行业的产业政策及发展规划的文件；

⑩ 对公司未来业务发展起重大影响的因素分析，如现有优惠政策（税收）的取消、未来可能出台的支持或限制政策等。

（4）法律信息调查

法律信息调查主要是了解目标公司的法律结构和可能存在的法律风险，包括公司的成立是否合法，公司所在行业是国家鼓励类、限制类还是禁止类行业，以及公司的治理结构、董事会章程、公司章程的合规合法性。

为了配合投资人的尽职调查，企业通常需要提供或披露以下信息。

第一，公司基本信息文件

① 公司基本情况介绍，包括公司历史沿革简介和公司业务模式；

② 公司最新的营业执照（正本副本）；

③ 组织机构代码证；

④ 税务登记证（正本副本）；

⑤ 公司章程及其修订案；

⑥ 注册会计师出具的有关公司的所有验资报告；

⑦ 公司经营活动所需的政府批准、登记证及许可证等；

⑧ 公司内部组织结构图、对外投资架构图（包括股权关系和实际控制关系）；

⑨ 分公司、子公司、关联公司、合资企业或其他对外投资的清单、相关协议和文件；

⑩ 内部规章制度（劳动人事、财务管理、投资管理等）；

⑪ 公司当前的股权架构。

第二，公司以往诉讼、仲裁情况

① 有无针对公司或其任何股东的判决、裁决或其他争议解决程序？有的话，需提供该判决、裁决的复印件，并确认是否为公司或其股东设定了重大义务；

② 有关公司的现实存在的或可合理预计的诉讼、仲裁或其他争议解决程序的信息；

③ 公司对任何协议违反的详细情况，该违反将导致债务提前到期或协议的解除从而对公司的业务产生重大影响；

④ 所有正在进行的或潜在的，由有关部门，包括但不限于由税务、工商行政管理、环保、公安、医生、劳动人事、纪检等部门针对公司的执法或行政调查的清单。

3. 如何让风险投资为你埋单

了解了风险投资人的喜好，对于融资者来讲仅仅是迈出了融资的第一步，要知道那些投资人都是非常冷静而谨慎的，他们不会轻易作出投资决定，除非你的东西能够真正打动他们。所以说，风险投资的获得除取决于融资公司的素质外，还需要一定的融资技巧。也就是说，获取创业资本支持的过程，就是展示企业投资价值和融资技巧与说服能力的过程。

第一，相关材料准备。在准备和风险投资人洽谈融资事宜之前，应该准备四份主要文件，提前递交《商业计划书》，并争取得到创业投资人外延网络的推荐，这通常是使本企业的《商业计划书》得到认真考虑的重要一步。在大多数情况下，能够承担这种推荐任务的可以是律师、会计师或其他网络成员，因为风险投资人最容易相信这些人对业务的判断能力。

文件名称	描述内容
《投资建议书》（Business Proposal）	对风险企业的管理状况、利润情况、战略地位等作出概要描述。
《商业计划书》（Business Plan）	对风险企业的业务发展战略、市场推广计划、财务状况和竞争地位等作出详细描述。
《尽职调查报告》	对风险企业的背景情况和财务稳健程度、管理队伍和行业作出深入细致调研后形成的书面文件。
《营销材料》	这是任何直接或间接与风险企业产品或服务销售有关的文件材料。正式和创业投资人接触之前，一般需要提前向创业投资人递交《业务计划书》及其《行动纲要》(Executive Summary)。

上述文件中最重要的是《商业计划书》。《商业计划书》大致包含以下几项

内容：简短地介绍融资企业的股东结构、商业模式、产品和市场，直截了当地告诉读者你将生产的产品是什么、谁是你的顾客、为什么企业会有竞争力；直截了当地勾画出公司今后的财务情况，包括销售规模、利润等。清楚明了地指出需要多少资金达到预期目标，以及所需资金的主要用途；总结部分应该简短，起到画龙点睛的作用即可。

对于《商业计划书》，戈壁基金合伙人徐晨给出了这样的建议：“就创业计划书一项来说，其内容的质与量落差之大，绝对可以令多数人瞠目。从800多页的类似小说的计划书，到精练得仅有半页的执行概要，‘应有尽有’。有的甚至连计划书都没有，只在给我们的信中说：‘我这边有一个很好的想法，我的公司将来可能值上亿元，如果你不联系我，你就会错过一个近十年最好的投资机会。’我的经验是，公司的好坏和商业计划书的长短有着完全非线性的联系，但没有计划书往往比较容易受到忽略。”①

第二，如何说服风险投资人。融资者去见风险投资人的时候经常不知道怎么谈，觉得自己公司特好、特大，但是说不清，或者不知道从哪儿说。

融资者容易犯三个错误。有些融资者一开始就大谈特谈很多定性的东西，说“我们这个东西，一出来就把谷歌给灭了，我们这个东西绝对是世界老大”，其实这在风险投资人那里都是非常忌讳的。

还有人一上来就谈国际形势，谈互联网会有什么发展，国内怎么样，但是投资人都很聪明，天天读产业报告，融资者应该开门见山，别给人上互联网形势教育课。

很多人的《商业计划书》前20页都是对这个市场的综述，也有一类人偏好先抒发个人情怀，讲讲自己的理想，想通过这些跟风险投资人起化学反应，但是他们错了。投资人都是非常冷静的，如果真的投了你，通过跟你的交流，会更多地了解你这个人。

其实在面对那些风险投资人时，创业者只需要在几分钟之内，用最简单、清晰的语言描述做了什么东西，这个东西有什么样的市场，提供了什么样的价

① 卢爱芳、雷中辉等：《你拿什么吸引我：创业者必知的风投规则》，北京大学出版社2007年版。

值，为什么别人会用它，是不是还有更多的人用即可。

第三，不要“包装”公司。很多创业者在与风险投资人接触之前，往往都会花很大精力去包装自己的公司，其实这是一个误区。因为，很多风险投资人在考察目标公司的时候都比较现实，他们更看重的是项目本身的可行性与吸引力，创业者即使把项目包装得再好也很难为自己赢得更多的说服筹码，甚至会在风险投资人那里起到完全相反的作用。

软银赛富基金的一个合伙人谈了自己的一次经历：“我们曾经去看过一家做软件的企业，12 时 30 分到了公司，本来就想跟他们老总谈谈，结果发现公司里面每个员工都在特别精神地工作呢。后来只谈了半个小时我就出来了，我觉得这个老板明显在骗我，因为一个做软件的企业不可能中午不休息。在考察时，我们更要看公司的管理。很多情况下，我们进到一个公司里面去，3 分钟就知道这个公司管得好不好。”①

投资人的眼光往往是雪亮的。所以，在他们面前，创业者要做的就是在自己的项目上狠下功夫，而不应通过一些歪门邪道的手段来投机取巧。

① 卢爱芳、雷中辉等：《你拿什么吸引我：创业者必知的风投规则》，北京大学出版社 2007 年版。

第十一章　风险控制：出让股权，保护公司控制权

1. 股权融资常见风险及防范

股权融资于企业而言是一把双刃剑，可以带来公司发展所急需的资金、资源和人脉，同时也潜藏着风险。

（1）公司控制权稀释乃至旁落风险

伴随股权融资，投资方获得企业的一部分股份，必然会稀释企业原有股东对公司的控制权，甚至有可能使原有股东丧失实际控制权。

高成长性公司在发展过程中，公司创始人有可能会进行多种形式、多轮次的股权融资。在引进资金的同时，创始人手中的股权也会被一再稀释，有些甚至会失去公司的控股权。对公司创始人而言，失去控股权并不可怕，可怕的是失去公司控制权。公司控制权丧失，是股权融资给创始人带来的最大风险。失去对公司的控制权，创始人（团队）可能无法再准确把握公司的发展方式，甚至有可能导致其一手打造的企业垮掉。

2010 年 5 月，1 号店创始人于刚为了解决公司资金短缺问题，从平安金融融资 8000 万元，出让了 1 号店 80% 的股权，彻底失去了对公司的控制权。后来，平安金融整合 1 号店的进展并不顺利，又将股权转让给沃尔玛。不久后，1 号店创始人于刚离职。

2016 年，中国平安以 16 亿美元入股“汽车之家”，占股 47.4%，成为第一大股东。中国平安掌握公司控制权后，烧的第一把火就是清洗“汽车之家”原

高管层，原CEO秦致和CFO钟奕祺均被撤换。而作为“汽车之家”创始人的李想，更是在一年前就已经被迫离开了他花费十年精力一手打造的公司。李想离开前，手里的股份已经被稀释到只有3.4%，仅比CEO秦致的3.3%高出一点点。

类似的例子还有很多，发展中的公司因为成长的需要，非常渴望外部资金进入，所以不惜以极高的股权成本获得融资，甚至出让控股权和公司控制权，最终导致创始人被清洗出局。造成这种结果背后的原因，一般都是由于公司创始成员对股权架构重视程度不够或者是太在意项目前期的发展，出让了太多股份，导致后期翻船。原本的股权融资变成了“引狼入室”，反受其害。

因此，公司控股股东在同投资方签订协议前，一定要充分认识到协议条款对公司控制权的影响，要客观评估公司的成长能力，不要为了获得高估值的融资额，作出不切实际的业绩保证或不合理的人员安排保证。

（2）机会风险

风险投资成本极高，堪称是最贵的融资方式，因为企业用以交换的是最宝贵的股权。同时，由于企业选择了股权融资方式，从而也就会失去其他融资方式可能给企业带来的成长机会。

因此，融资企业在同投资方签署对赌性的业绩保证协议之前，不能仅仅考虑赢得筹码时所获得的利益，而更应考虑输掉筹码时企业创始股东所要面临的风险，设想一下该风险是否在自己的承受范围之内。

（3）经营风险

向企业注资后，获得企业股权的融资方通常会在企业董事会安插自己的人员，也会插手企业内部运营和管理事务，容易在公司战略、经营管理方式等方面与企业创始股东产生分歧和矛盾，导致企业决策迟缓或失误。

为了避免投资方利用安插在董事会中的人员胡乱插手企业内部事务，建议融资方应在公司章程或投资协议中，对董事会如何获得授权、获得何种授权、在怎样的条件下获得授权、行使权利的期限以及对董事会行使权利不当时的救济等情形，都要作出详细而明确的规定。

（4）商业机密泄露风险

公司在接洽外部投资方时，要向对方提供几乎所有的企业经营信息、财务状况、产品信息等企业商业机密，同时还要面临投资方极其详尽的尽职调查，这使得企业在外部投资人面前几乎没有任何秘密可言，存在商业机密泄露的风险。

为了防范此类风险，建议融资企业要注意以下事项。

第一，初步接触阶段，只提供《商业计划书》摘要；深度接洽时，再提供详细《商业计划书》文本。

第二，拟定《商业计划书》时，需要掌握相应技巧，尽量不要披露企业核心的商业信息、数据。

第三，了解投资方的职业操守、以往成功案例和口碑，对于职业操守不佳、口碑不好的投资方，尽量避免接触。

第四，签署保密协议，对于不得不提供的商业机密信息，务必要同投资方签署正式的保密协议，内容要包括保密范围、保密义务对象范围、对信息接收方的要求、保密期、违约责任等事项。

2. 股权融资中的对赌协议

对赌协议，又称估值调整机制（Valuation Adjustment Mechanism），主要是风险投资人对企业的估值判断不准或者对财务数据存有疑问时，通过设定目标盈利水平和触发条件，来避免不可预知的盈利能力风险。简单来说，就是投资方与融资方在达成融资协议时，对未来不确定情况进行的一种约定。如果约定的条件出现，投资方可以行使一种权利；如果约定的条件不出现，则融资方可行使一种权利。从本质上讲，对赌协议实际上就是期权的一种表现形式。

天下没有免费的午餐。风险投资人向企业投入资金，必然会对企业提出相应要求，如业绩、网站点击量、客户规模等。常见的对赌协议条款通常是以创业公司未来的经营业绩为对赌的标的，以创业者和投资者之间相互转让一部分股权或退回一部分投资款作为赌注，目的是激励创业团队努力工作以达到预期目标的条款，实现双赢。

【案例】

蒙牛管理层对赌摩根士丹利①

在蒙牛发展的过程中，资金短缺一直是一个让企业头疼的难题。而摩根士丹利的出现，却为蒙牛指引出一条与众不同的融资之路。一般来说，投资无非是以直接投入资金的方式来获得对方企业的股权，但是摩根士丹利和蒙牛却给我们上了一堂印象深刻的股权“投资技巧课”。

2002 年 6 月，摩根士丹利在开曼群岛注册了开曼公司，而牛根生以及蒙牛的投资人、业务联系人和雇员，在同年 9 月分别成立了两家公司，即金牛和银牛，并分别以每股 1 美元的价格收购了开曼公司 50% 的股份。而摩根士丹利等三家国际投资机构又以认股的方式向开曼公司注入了 2.1 亿元人民币的资金，最终成为蒙牛的上市主体，拥有蒙牛 32% 的股份。在该资本运作的背后，双方还达成了这样的协议：如果蒙牛在一年之内没有完成双方约定的增长任务，那么投资方就将拥有蒙牛的绝对控股权，且可以随时更换管理层。幸运的是，在 2003 年 8 月，蒙牛就提前完成了任务，从而保住了在上市公司的控股权。

2003 年，蒙牛的管理层又与摩根士丹利签署了业绩对赌协议，约定 2003 年至 2006 年，蒙牛乳业的复合年增长率不低于 50%。如果达不到，蒙牛公司管理层将输给摩根士丹利 6000 万～7000 万股的上市公司股份；若业绩增长达到目标，则摩根士丹利等机构就要拿出自己的相应股份奖励给蒙牛管理层。

2004 年 6 月，蒙牛管理团队再次完成了双方约定的业绩增长目标。摩根士丹利等机构如约兑现了给予蒙牛管理层的股份奖励，换股时蒙牛乳业股票价格在 6 港元以上，因此蒙牛乳业获利高达 4 亿港元以上。而蒙牛业绩的高速增长，也提高了公司股价，使包括摩根士丹利等机构在内的利益相关方都成了赢家。

---

① 王吉舟:《蒙牛乳业：摩根士丹利们的“利润猛牛”》，载《中国经营报》2005 年 6 月 19 日。

总体来讲，对赌协议对需融资的创业企业来说有利有弊：优点是能够快速获得投资机构信任，获得企业发展所急需的大额资金，实现低成本融资和快速发展；弊端是一旦企业业绩达不到对赌协议约定的标准，公司创始股东将会失去大量股权，不仅损失巨大，而且很可能会导致原股东对公司控制权的丢失。

创业公司同风险投资人签署对赌协议时，一定要慎之又慎，否则一不小心就将陷入万劫不复的深渊。

（1）慎用对赌协议

创业企业在融资时慎用此条款。若要使用，需对企业经营状况有明确的判断，同时可约定一个向下浮动的弹性标准，且在条款中设计一些盈利水平之外的柔性指标作为评价标准，以减轻企业创始团队的经营压力。

（2）通过其他途径设法赢得风险投资人信任

在国内，对赌协议的出现，根源在于风险投资人对创业者的不够信任，这种不信任是由多种因素造成的，如整个行业普遍的造假现象、会计准则与发达国家不接轨、时间紧迫来不及对创业公司做深入尽职调查。此外，也有一些制度上的因素，如在国外很少有风险投资人会跟企业签署对赌协议，因为风险投资人的投资有很多制度上的保障，比如可以采用可转换债及优先股等方式，而国内没有优先股，于是，对赌协议就应运而生。

因此，如果创业团队能够依靠自己的项目、业绩、能力、资历或人品等其他因素来赢得风险投资人的信任，打消他们的顾虑，自然就不用签对赌协议。

（3）注意法律风险

对赌协议起源于国外，是国外企业在投资、并购等过程中调整投资方和融资方利益的一种机制。国内同风险投资人签署对赌协议的公司，多是选择境外上市。

但是，我国现行法律对于对赌协议的规制尚不完备，对赌协议的效力也仍受争议。因此签订对赌协议时要谨慎而为。

3. 创业者千万不能拿的几种投资

公司发展前期，缺钱是常态，但不能为了筹钱而失了自己的底线，作出一些让自己追悔莫及的选择。要明白什么钱可拿，什么钱不可以拿。尤其是股权融资，更应是一种双向选择。投资人在对创始人及其公司进行尽职调查的同时，创始人也应该对投资人展开反向尽职调查，对投资人的背景和投资意图要有一个准确的了解和把控，以减少公司股权稀释过程中的公司失控风险。

（1）主张不平等调控的投资不要拿

如果外部投资者主张超出正常情况的股份，如早期投资者主张 30% 以上的股权，以及提出不正常对赌约定，或者要求严厉监管投资对象的，那么融资一方就要慎重考虑了。

客观地讲，对于那些心态成熟的投资人而言，大多都会尊重创始人对公司的控制权，同时也尊重创始人的持股比例，因为他们明白只有这样才能激励创始人将公司的盘子做大，大家才能实现双赢，投资人才能获得更可观的回报。正是出于这种考虑，很多投资人都会主动提出给予创始人相对较多的股权，甚至某些投资人都不愿意投那种创始人持股比例过低的公司，在他们看来这属于股权架构存在隐患的公司。

因此，如果投资人提出一些不合理的要求，那就真要去仔细揣摩一下他们的心思了。

（2）小投入主张大权力的投资不要拿

有这样一类投资人，他们投入资金不多，也不要求过多的股权，但会提出一些过分的要求，如向公司派驻董事，影响公司日常经营和决策，或者主张一票否决权，以在关键时刻显示自己的存在。

这种投资人一旦拿到想要的权力，会对公司日常运营形成极大干扰，是创始人掌握公司控制权的重大隐患。

（3）战略意图太明显的投资不要拿

投资人投资入股公司的目的主要有两种。

第一种：财务性投资。单纯的财务投资人目的和追求通常比较简单，就是通过资金注入，帮助公司快速发展，投资人收获公司发展的红利，收获财务上的回报。

这类投资人通常不会染指公司控制权，但融资方要注意不要出让太高的股权比例，以免影响后续融资。

第二种：战略性投资。战略性投资者的战略意图比较明显，他们进行股权投资并非为了简单获得财务上的回报，通常是出于资产重组、整合的目的，他们通常会要求进入公司董事会，甚至会谋求公司的控制权。

对战略投资人，要设法弱化其对公司控股权的要求，并做好相关制度或法律设计，做好防火墙，避免“引狼入室”的可能性。

4. 善用法律武器保护公司控股权

在股权不断稀释的过程中，如何掌握公司控股权是公司创始人无法绕过的一个问题。在实践中，公司会面临各种各样的股权结构、融资需求，在面对不同的投资人时，会拥有不同的谈判砝码，获得不同的话语权分割。进而，对于保护公司控制权的制度设计也是多种多样，不过要切合企业实际。

（1）投票权委托

投票权委托，即公司部分股东通过相关协议约定，将手中持有的股票投票权委托给特定股东（通常是创始人），以增加特定股东的投票权重，增加其投票权比率。

投票委托计划还有一种操作形式，即公司的创始小股东将投票权委托给核心创始人。例如，假设某公司核心创始人拥有 35% 的表决权，不超过半数，这时，公司其他拥有 25% 以上表决权的创始小股东，就可以将表决权委托给核心创始人，使其取得绝对的表决权。

另外，如果公司创始人足够强势，外部投资人也会将手中的投票权委托给他们。当然，这一点要取决于双方的前期沟通及博弈。例如，根据京东商城的招股书，在该公司上市前，就有包括老虎基金、高瓴资本、今日资本以及腾讯在内的 11 家投资机构将投票权委托给了刘强东行使，使其拥有了超过半数的投票权。

（2）双层股权结构

双层股权结构，即让股权和投票权相分离。这种方式又称 AB 股计划，即“同股不同权”制度。其操作要点是：将公司股票区分为 A 序列普通股（Class A common stock）与 B 序列普通股（Class B common stock）。A 序列普通股通常由外部机构投资人与公众股东持有，拥有低投票权和低决策权；B 序列普通股则通常由创业团队和创始人持有，具有高投票权和高决策权。

通常，高投票权的股票每股具有 2 ~ 10 票（甚至更高）的投票权，主要由公司创始人或高管团队持有；低投票权的股票其投票权只占高投票权股票的 10% 左右，有的甚至没有投票权，一般由外部投资股东持有。

例如，2004 年，谷歌在上市时，就采取了双层股权结构的制度设计，发行 A、B 两种股票，其中 A 型股票每股只拥有 1 份投票权，而 B 型股票每股则拥有 10 份投票权。有资格持有 B 型股票只有公司创始人谢尔盖 · 布林、拉里 · 佩奇和前首席执行官埃里克 · 施密特三人。这种设计，使得三人在未掌控公司控股权的情况下，能够得到超过 50% 的投票权，从而间接获得公司控制权。

目前，法律允许双层或多层股权存在的国家主要有美国、日本、德国、意大利、加拿大、瑞典、瑞士等国家。

在我国，由于《公司法》规定“同股同权”，因此，双层股权架构的制度设计在法律上就无法实现。不过，也有一些变通措施，如《公司法》允许公司章程对投票权进行特别约定（有限责任公司），允许股东在股东大会上将自己的投票权授予其他股东代为行使（股份有限公司），允许部分人执行企业事务（有限合伙企业）。因此，在我国目前的《公司法》框架下，如果公司想要事实上突破“同股同权”的限制，在“同股同权”后加入“章程另有约定的，从其规定”即可。

为了规避法律风险，大量有着双重股权结构设计的公司往往会选择前往美国上市。

（3）一致行动计划

当公司无控股大股东，也没有实际控制人时，公司创始人就可以和其他股东签署一致行动协议，以确保在股东意见不一致时，某些股东能够跟随自己采取统一行动，保证自己对公司的控制力。

例如，杭州某科技公司的创始股东有六人，股权比较分散，不存在持股超过半数的控股股东，也没有表决权超过半数的股东。公司董事长、总经理和财务总监三名重要创始人，分别持有 30%、25%、20% 的股权，合计持股 75%。为了避免公司在决策上的分歧，三人就通过签署《一致行动协议书》对相关表决事项进行约定，从而确保了对公司控制权的牢牢掌控和公司权力的顺利行使。

（4）有限合伙制

有限合伙是一种新型的合伙制度，它将公司合伙人分为普通合伙人和有限合伙人。其中，普通合伙人享有公司管理权，行使管理职能，参与公司决策；有限合伙人只作为出资方，获得相应股权，不参与公司的具体决策和管理。

所以，可以通过制度设计，将创始股东之外的股东圈定在有限合伙人的范畴内，避免他们对公司控制权的插手。

（5）股息补偿法

股息补偿法称得上是双层股权结构的延伸。公司创始人可以在原有股权结构之上，设计一个新的“次级投票权”的股权结构，即给予公司创始人之外的股东以较低的投票权，同时作为补偿措施，他们可以分得较高的股息。这样操作可谓皆大欢喜，大股东拥有了公司控制权，小股东提高了自己的收益权，而将意义不大的投票权予以削弱。

(6)借助法人代表和公章掌握公司控制权

在我国法律框架下，公司董事长或总经理通常是公司法人代表。公司法定代表人在法律规定的框架下，代表公司对外行使职权，其职务行为即公司行为，其职务行为所导致的法律后果将由公司承担。

另外，公章也是中国式公司权力行使的一个标志，公司对外合作是否具备法律效力，其中一个重要衡量标准就是是否盖了公章。

因此，公司可以借助法人代表和公章这两大武器来加强对公司的控制权。

第四篇

股权上市：公司上市及上市公司股权处置

第十二章　股权估值：精心设计，做大公司市值

1. 股票的概念

什么是股票？股票是一种由股份有限公司签发的用以证明股东所持股份的凭证，它表明股票的持有者对股份公司的部分资本拥有所有权。由于股票包含经济利益，且可以上市流通转让，因此它也是一种有价证券。

股票的用途有三点：一是作为一种出资证明，当一个自然人或法人向股份有限公司参股投资时，便可获得股票作为出资的凭据；二是股票的持有者可凭借股票来证明自己的股东身份，参加股份有限公司的股东大会，对股份有限公司的经营提出意见；三是股票持有人凭借着股票可获得一定的经济利益，参加股份有限公司的利润分配，也就是通常所说的分红。

在现实的经济活动中，人们获取股票通常有四种途径：一是作为股份有限公司的发起人而获得股票，如我国许多上市公司都由国有独资企业转为股份制企业，原企业的部分财产就转为股份有限公司的股本，相应地，原有企业就成为股份有限公司的发起人股东；二是在股份有限公司向社会募集资金而发行股票时，自然人或法人出资购买的股票，这种股票通常被称为原始股；三是在二级流通市场上通过出资的方式受让他人手中持有的股票，这种股票一般称为二手股票，这种形式也是我国股民获取股票的最普遍形式；四是他人赠与、公司分配或依法继承而获得的股票。

不论股票的持有人是通过何种途径获得股票，只要他是股票的合法拥有者，就表明他是股票发行企业的股东，就享有相应的权利与义务。

（1）股票的内容

股票作为一种重要的金融工具，它不但要经国家有关部门的核准才能发行，而且股票票面必须具备一些基本的内容。在我国，股票的发行必须征得中国证监会的审核批准。另外，股票在制作程序、记载的内容和记载方式上都必须规范化并符合有关的法律规定和公司章程的规定。一般情况下，股票上应具备以下内容。

① 发行该股票的股份有限公司的全称，该公司成立的法律依据和登记注册的日期、地址。

② 发行的股票总额、股数和每股金额。

③ 股票的类别。根据股票持有人权利及义务的不同，股票可分为多种类型。目前在我国上海证券交易所及深圳证券交易所流通和转让的股票都是普通股票，一般都不注明类型。但如果是特别股票，在票面上就应当标明其股票种类。

④ 股票的票面金额及其所代表的股份数。

⑤ 股票的发行日期及股票编号。如果是记名股票，则要写明股票持有者（股东）的姓名。

⑥ 股票发行公司的董事长或董事签章，主管机关或核定发行登记机构的签章。

⑦ 印有供转让股票时所用的表格。

⑧ 股票的发行公司认为应当载明的注意事项。

由于现代科学技术的发展，我国沪深股市股票的发行和交易都借助电子计算机及高科技通信系统进行，上市的股票已实现了无纸化，所以现在的股票仅仅是计算机系统内的一串符号而已。但在法律上，上市挂牌的股票都必须具备上述这些内容。在沪深股市，每股股票的面额都已标准化，是一元人民币，股票的发行总额为股份有限公司的总股本数。上市公司的其他相关信息，都将定期在中国证监会指定的信息披露刊物上刊登，如《中国证券报》《上海证券报》《证券时报》。

（2）股票的性质

股票虽然只是一种凭证，但由于股票的持有人凭着股票可获得一定的经济利益并享有相应的权利，所以股票是一种有价证券，并具有以下一些性质。

① 收益性。

股票的收益性主要表现在股票的持有人可按股份有限公司的章程从公司领取股息和红利，以此获取购买股票的经济利益，这也是股票购买者向股份有限公司投资的基本目的，也是股份有限公司发行股票的必备条件。如我国规定，一个公司的股票在证券交易所挂牌前三年必须是连续盈利，这就为上市股票的收益性提供了一定的保障，因为盈利是股票分红的必要前提条件。

② 风险性。

股票的风险主要表现在以下几点：其一，影响股份有限公司经营的因素繁多且变化不定，其每年的经营业绩都不确定，而股票的股息和红利是根据公司具体盈利水平确定的。盈利多，股息红利就可多发；经营不佳，盈利少，股东的收益就少，甚至无利可分；若公司破产，则股票持有者就可能血本无归。其二，当投资者购买的是二级市场上流通的股票时，股票的价格除受公司的经营业绩影响外，还要受众多其他因素的影响。当股票的价格下跌时，股票持有者会因股票的贬值而蒙受损失。

③ 流通性。

经国家证券管理部门或证券交易所同意后，股票可以在证券交易所流通或进行柜台交易，股票的持有者就可将股票按照相应的市场价格转让给第三者，将股票所代表着的股东身份及各种权益出让给受让者。当持有的股票是可流通股时，其持有人可在任何一个交易日到市场上将其兑现，这就是股票的流通性。

④ 参与性。

根据《公司法》的规定，股票的持有者就是股份有限公司的股东，有权出席股东大会，参加公司董事机构的选举及公司的经营决策。也正因为如此，股东的投资意志和经济利益才能通过其行使的股东参与权而得到强化。

⑤ 稳定性。

股票是一种无期限的法律凭证，它反映的是股东与股份有限公司之间比较稳定的经济关系。在向股份有限公司参股投资而取得股票后，任何股东都不能退股，股票的有效存在是与股份有限公司的存续相联系的，即股票是与发行公司共存亡的。

（3）我国股票的分类

由于我国股市正经历了先发展、后规范的历程，因此我国股票的通俗分类和国外有所不同。在没有进行股权分置改革之前，我国上市公司的股票，按照是否流通，可将其分为可流通股及非流通股两大类。目前随着股权分置改革的进行，非流通股票正在减少。

① 可流通股股票。

可流通股股票是指在上海证券交易所、深圳证券交易所及北京两个法人股系统 STAQ、NET 上流通的股票。由于中国证监会在 1992 年 10 月成立，所以在此之前的股票上市都是由各证券交易系统自己审批的，而在此之后，所有股票的上市流通都统一由中国证监会管理。

在可流通的股票中，按市场属性的不同可分为 A 股、B 股、H 股等。

A 股股票是指已在或获准在上海证券交易所、深圳证券交易所流通的且以人民币为计价币种的股票，这种股票按规定只能由我国居民或法人购买，所以我国股民通常所言的股票一般都是指 A 股股票。

B 股股票是以人民币为股票面值、以外币为认购和交易币种的股票，它是境外投资者向我国境内的股份有限公司投资而形成的股份，在上海和深圳两个证券交易所上市流通。

H 股是以港元计价在香港发行并上市的境内企业的股票。

此外，中国企业在美国、新加坡、日本等地上市的股票，分别称为 N 股、S 股和 T 股。另外，值得一提的是，沪市挂牌 B 股以美元计价，而深市 B 股以港元计价，故两市股价差异较大，如果将美元、港元以人民币进行换算，便知两地股价大体一致。

② 非流通股。

在上市公司的股票中，非流通股股票主要是指暂时不能上市流通的国家股和法人股。其中，国家股是在股份有限公司改制时由国有资产折成的股份，而法人股一部分是成立股份有限公司之初由公司的发起人出资认购的股份，另一部分是在股份有限公司向社会公开募集股份时专门向其他法人机构募集而成的。这一部分股票未上市流通的原因：一是国家股的代表人尚未确定，其上市转让难以操作；其二是在发行股票时，部分法人股的募集和社会公众股条件有所不同；其三是国家股和法人股在上市公司的总股本中所占比例高达 2/3，其上市流通会对现在的二级市场形成较大的冲击。随着我国股权分置改革的深入、股市的成熟和发展，这一部分股票必然将会进入沪深股市的二级流通市场。

2. 股市及其功能

股市也称股票二级市场或次级市场，它指对已发股票进行买卖和转让的场所。

（1）证券机构

股市由各类证券机构组成，包括证券管理机构、证券经营机构、证券交易机构及证券服务机构。

① 证券管理机构。

我国已建立了专门的证券管理机构和全国统一的、跨部门的、自律性的证券行业组织相结合的证券市场管理体制。

1992 年 10 月，我国正式成立了国务院证券管理委员会（证监委）和中国证券监督管理委员会（中国证监会）。其中，证监委是我国证券管理的权力机关，对全国证券市场进行统一的宏观管理；中国证监会是证监委的办事机构，其根据证监委的授权，依法对证券市场进行监督管理。

除以上政府机构外，我国还设立了自律性的证券管理组织——中国证券业协会，它是 1990 年经中国人民银行批准并经民政部注册登记的社团法人，是由证券经营机构主体会员自愿组成的全国证券行业自律组织。它按照国家的有关法律及协会章程独立开展活动，并接受证券主管部门的管理和指导，通过各种方式与主管机关保持经常性的联系和信息交流，并贯彻证券管理的意图。

② 证券经营机构。

证券经营机构，也称证券商或证券经纪人，是证券市场的中介人，是专门经营证券业务并从中获利的企业法人。它的作用有两点：一是在发行市场上充当证券筹资者与证券投资者的中介人；二是在流通市场上充当证券买卖的中介人。我国的主要证券经营机构有两类。

· 证券公司。证券公司是我国直接从事证券发行与交易业务的具有法人资格的证券经营机构，其业务范围主要有代理证券发行、证券自营，代理证券交易，代理证券还本付息和支付红利，接受客户委托代收证券本息、红利，代办过户等。

· 信托投资公司。信托投资公司是以营利为目的，并以受托人身份经营信托业务的金融机构。它除办理信托投资业务外，还可设立证券部办理证券业务，其业务范围主要有证券的代销及包销，证券的代理买卖及自营，证券的咨询、保管及代理还本付息等。

③ 证券交易机构。

证券交易机构主要包括证券交易所及证券交易中心，这里仅介绍证券交易所。

证券交易所是依据国家有关法律，经政府证券主管机关批准设立的集中进行证券交易的有形场所。证券交易所主要是提供交易场所和服务，同时也兼有管理证券交易的职能，但其本身不能参与证券交易。证券交易所是非金融机构的法人组织，它有两种基本组织形式，一是公司制证券交易所，二是会员制证券交易所。

公司制证券交易所是以股份有限公司的组织形式成立的证券交易所，由股东共同出资，提供交易所的场地、设备、人员等，在政府主管机构的管理与监督下，吸收各类证券在场内自由买卖并集中交割。公司制证券交易所是一种自负盈亏的营利性机构，它收取证券发行者的上市费并抽取证券成交的手续费和其他服务性费用，并且对场内交易双方违约产生的损失承担赔偿责任。

会员制证券交易所是由证券商共同协商、制定章程和管理细则，报请国家证券主管部门批准成立的不以营利为目的的社团法人组织。参加交易所的会员可以是自然人，也可以是法人。法人会员多为投资银行、证券公司、投资信托公司等。法人会员须有一代表人，其资格与个人会员相同。会员制证券交易所的收入主要来自会员费、证券上市费、特殊服务费，支出则用于购置或改善必要的交易设备、职员工资和其他开支。会员制证券交易所的证券买卖者一般以该所的会员为限，其他投资人若要在二级市场买卖股票或债券，则必须通过会员方可进行。

④ 证券服务机构。

证券服务机构是为证券经营和证券交易服务的机构。我国的证券服务机构主要有两类。

· 证券登记公司。证券登记公司是独立的企业性质的证券服务机构，其主要业务是公开发行与非公开发行的证券登记，上市及未上市的记名证券的转让登记，代理有价证券的保管，代理有价证券的还本付息和分红派息，从事与证券有关的咨询业务及主管机关批准的其他业务。

· 证券评级公司。证券评级公司是专门从事有价证券评级业务的企业法人，一般都是独立的、非官方的，其主要业务是对有价证券的发行公司进行客观、准确、真实、可靠的评级，并负责提供评级结果及有关资料。

（2）股市的基本功能

股市的第一个功能，就是为股票的流通转让提供场所，使股票的发行得以延续。如果没有股市，股票的发行就比较困难甚至难以为继，这是由股票的基本性质决定的。当一个投资者选择银行储蓄或购买债券时，他不必为这笔资金的流动性而担心，只要到了约定的期限，他都可按约定的利率收回本息。但股票则有所不同，一旦购买了股票而成为企业的股东，你既不能要求发行股票的企业退股，又不能要求发行企业赎回。如果没有股票的流通和转让场所，购买股票的资金就成了一笔死钱，而一旦持股人急需使用资金，股票就无法兑现，这样人们对购买股票就有后顾之忧，股票的发行就会出现困难。有了股市以后，股民随时可将手中的股票在股市上转让，按比较公平合理的价格将股票兑现，使死钱变为活钱。所以股市为股票的流通转让提供了基本场所，为一级股票市场的发行提供保证。另外，由于股市的交易价格能较客观地反映股票市场的供求关系，股市也能为一级市场股票的发行提供价格及数量等方面的参考依据。

股市的第二个功能，就是能减少投资风险，保护投资者的利益。股票投资的风险主要来自三个方面：一是发行股票企业的经营不善，二是股票价格下跌，三是欺诈性的股票发行。股市的设立可有效地减少这些风险，因为上市挂牌的企业都要经过严格的审核，其上市条件里规定公司必须在过去数年里连续盈利，并且要按规定公布经营信息。其一是舆论监督对企业的经营有一定的约束力，所以上市公司的营利性有一定的保证；其二是股市里集中了大量的股票，投资者可选择多种股票进行组合，从而减少或分散风险；其三是股市作为一个有高度组织的市场，它对股票的发行及上市都有一系列的法规限制，从而在一定程序上可以防止和减少欺诈活动的发生。

股市的第三个功能，就是引导资金合理流动，实现资源的最优配置。在股市中，由于投资者一般都是将资金投向业绩较好的企业或有发展潜力的产业，相应地这类股票在股市上的价格就比较高，同类企业在发行股票或配股时就能依此制订出较高的价格，使之筹到较多的资金，使资金得到较为合理的配置。

3. 公司常用估值法

公司估值是对公司内在价值的科学评估，公司内在价值取决于其资产状况和盈利能力（包括当下盈利能力和未来预期盈利能力）。公司进行股权设计、股权改造和股权激励是对公司利益的分割，它们赖以实现的基本前提是公司要有一个明确的估值。

常用的公司估值法有以下几种。

（1）同类公司类比法

找一个目标公司作为参照物，看它近期的估值，就如同人们出售房产时其报价会参考所在区域其他类似物业的成交价格一样。目标公司可以是已经上市的同行公司，通过同行公司的财务数据和股价来推算出常见的财务比率，如市盈率（P/E，即“价格 / 利润”）。市盈率估值法是目前国内投资市场比较常见的估值方式。

市盈率主要有两种计算方式：

第一，历史市盈率

历史市盈率（Trailing P/E）计算公式为：

$$历史市盈率=\frac{当前市值}{上一财务年度利润}$$

第二，未来市盈率

未来市盈率（Forward P/E）是对市盈率的预测，计算公式为：

$$未来市盈率=\frac{当前市值}{当前财务年度利润（或未来一年利润）}$$

通常投资人对公司的市盈率估值是这样计算的：

公司价值 = 未来市盈率 × 公司未来年度（12 个月）利润

（2）市盈率倍数法

上面谈了市盈率的计算方法，这种方式适合已经盈利的公司。在对公司进行估值时，可以将盈利未计利息、税费、折旧及摊销前的利润汇总后，乘以一个倍数。这个倍数可以参考行业平均水平。如果没有参照信息，这个倍数建议设定为 5 倍。

（3）资产估值法

资产估值法即用市场价值来对公司的实物资产和无形资产（专利、商标、创始人团队和员工价值等）进行估值。

要注意的是，对于公司已经拥有的既有资产，不能按照获得时的价格来计算，而应考量资产当下重置所需要的成本来计算公司当前的资产净值。

（4）交易对比法

可以选取已经被成功投资，或是并购的同行公司，将他们的融资和并购中的公司估值作为参照，获取有价值的财务数据和估值信息。

例如，A 公司已经成功获得融资 1000 万美元，公司估值 1 亿美元。B 公司的业务类型跟 A 公司类似，但在经营规模上其市场占有率只有 A 公司的一半，那么投资人对 B 公司的估值可能就是 5000 万美元。

（5）现金流折现估值法

现金流折现估值法是指通过预测公司未来盈利能力，据此计算出公司净现值。具体是通过预测公司未来的现金流，将之折现至当前，加总后获得估值参考标准。

第十三章　上市流程：首次公开发行并上市实操要点

1. 股票的发行程序

目前，中国对股票发行者的资格已有明确的规定。综观各种规定，有三项限定要求。

一是发行者必须是按照法定程序经过注册登记，取得营业许可证的法人组织。如果这个组织是刚成立的，那么它在成立之前募集股金的活动只能算作认购股金活动，只能由发起组织者发给认股缴股收据。正式股票应该在公司正式宣告成立之后发给。

二是必须有明确的发行股票章程，或在公司章程中专章规定。发行股票章程须经中国人民银行批准，并且章程应写明：发行股票的原因，发行单位全称，拟发股票总额，每股金额，对不同身份的购股者的限制等内容。

三是新办企业应对发起人、营业范围、发起人投资等情况向公众介绍。增资发行的企业则应向公众介绍企业领导人员、企业经营项目、财务状况、发展计划等情况。这些介绍都必须属实，不得有假。

股票的发行，不论是初次发行还是增资发行，都应该遵循一定的程序和办法。根据各国经验和中国已有的法律法规，这套程序和办法应该包括下述内容。

（1）股份有限公司初次发行股票

初次发行股票与建立股份有限公司是同时进行的，或者说股票的发行是筹建股份有限公司过程中的一个步骤。如果股份有限公司是采用“发起建立”的方式，则发起人认购股份通常与订立章程同时进行，认购股份的发起人按照认购股份缴足股款，股票的整个发行过程即告结束（即发起人全部认购第一次发行的股份）。

如果股份有限公司的组建是采取“募股建立”的方式，则发起人只认购第一次发行股份的一部分，其余股份公开招股。股票的发行程序如下。

① 决策。决策的内容包括：发行股票的用途、种类、数量、股款缴纳日期、发行价格、发行条件等。

② 准备工作。首先必须印刷股票募集书，募集书中应载明公司的经营方针、业务计划、股票性质说明、股票款用途和计划等，然后印刷股票券。

③ 向有关部门申请报批。

④ 申请批准后开始发行股票。发起人在公开招股之前，必须认购公司规定的最低股份。

公开招股可以采取书面通知、刊登广告，也可以采取特约招股的方法。应说明采取何种方式发行股票，即采取自己发行的方式，还是银行代募、承募或承购方式（若是后者，应注明由哪家或哪几家银行来承包）。总之，必须让有意入股的投资者得到足够的信息。

⑤ 由发起人准备认股书，投资者若欲购此种股票，可填写认股书。认股书的内容包括：金额、认股人地址、签名盖章。认股书只是一种要约，不是契约，不具备法律效力。认购股份（要约）可以在股份分配（承诺）之前的任何时候撤销。为使撤销有效，必须通知要约者知晓。

⑥ 股份的分配。在认购数达到一定额度后，发起人便可考虑股份的分配问题。分配是公司对认购人的一种承诺，在分配并通知对方后，认股人与公司之间的约定才告建立、生效。

⑦ 认购人缴足股款。

（2）股份有限公司新股票的发行

股份有限公司一般在两种情况下发行新股：一是公司成立时，已发行的股份不足批准发行的股份，因需要而分次发行其余股份；二是在公司的额定股本已全部发行后，尚需增扩资本时发行的新股。发行程序如下。

① 董事会决策。决策的事项包括：新股的种类和数量，新股股款缴纳的日期、新股的发行及发行条件等。

② 在新股公开发行的情况下，应由董事会申请，主管机关批准。申请的内容有：原定股份总数及已发行数量和金额，发行新股的数量及发行条件，营业计划书，承办发行的金融机构名称等。

③ 批准后由原来股东优先认购新股。

④ 公开招股。

（3）发行办法

股票发行办法有两种。

① 由企业自己发行，也可以委托银行、证券公司等金融机构代理发行。如果仅企业自己发行，一般属于内部发行范畴，也可以叫私募。但如果委托金融机构发行，在一般情况下则属于公开发行。企业自己发行，适用于小规模企业，在较小范围内，发行少量股票时采用。对大型企业来说，一般还是以委托金融机构代理为好，这样做虽然费用高些，但凭借金融机构的信誉，可以较快地完成发行。

② 证券公司承购后再推销给公众。通常的做法是由若干证券公司共同组成股票承购银行团，牵头银行接受筹资者发行股票的委托，负责与发行股票的公司拟定发行股票的金额、条件等，然后由银行团包干所有的股票，每家参加银行按一定比例分摊，再分别向公众出售。证券公司的收入来自发行股票公司缴纳的手续费和股票买价与卖价之间的差价。因此，发行股票的公司若采用此种方法，不仅发行所需时间短，而且市场风险也转嫁给了他人。

就中国目前的情况看，企业发行股票的办法，既有私募，也有委托银行、信托公司、证券公司代理发行的公募，还有包销给银行的。

企业选择什么办法发行股票，主要取决于发行股票总额的大小和发行范围的宽窄，在这两个条件下计算不同发行方式的费用加以比较。

（4）增资新股的发行方法

增资新股指股份有限公司为扩大经营规模采用发行新股的方式来扩充资本。公司增资新股分为有偿增资、无偿增资以及并行增资三种形式。

① 有偿增资。有偿增资是指对新股缴付现金的增资，即指公司对发行的新股以优惠的价格配售或按照当时市价向社会进行公募。

② 无偿增资。无偿增资是指股东不缴付现金即无代价地取得新股的增资方法。从公司的角度来讲，这样的增资扩股并未使公司自外界获得更多的资金来源，而只是表现为改变资本结构或充实内部的资本保留额。无偿增资发行股必须按照比率配予原股东。

③ 并行增资。并行增资是指同时实行有偿增资和无偿增资，即在将公司公积金转入注定资本时，同时分配原股东优先承购新股权。股东在购买新股时，其应缴纳股款的一部分会以转账的公积金抵充，余款才由股东缴付现金。例如，新股的认购金额为 100 元，规定其中的 25 元为无偿部分，属于是以转收的公积金抵充，其余有偿部分的 75 元则令股东付现。并行增资的做法实际上含有催促迅速缴纳股款的作用。

2. 股票上市的基本原则与过程

（1）股票上市的基本原则

在股票交易中，为了有效保护投资者的利益，不损害公共利益，股票在上市过程中一般要遵循以下几个原则。

① 公开性原则。公开性原则是股票上市时应遵循的基本原则。它要求股票必须公开发行，而且上市公司需连续、及时地公开公司的财务报表、经营状况及其他相关的资料与信息，使投资者能够获得足够的信息进行分析和选择，以维护投资者的利益。

② 公正性原则。公正性原则指参与证券交易活动的每一个人、每一个机

构或部门，均需站在公正、客观的立场上反映情况，不得有隐瞒、欺诈或弄虚作假等行为。

③ 公平性原则。公平性原则指股票上市交易中的各方，包括各证券商、经纪人和投资者，在买卖交易活动中的条件和机会应该是均等的。

④ 自愿性原则。自愿性原则指在股票交易的各种形式中，必须以自愿为前提，不能硬性摊派、横加阻拦，也不能附加任何条件。

（2）股票上市的基本条件

各证券交易所规定的股票上市条件各不相同，但都包括以下基本条件。

① 资本额。一般规定上市公司的实收资本额不得低于某一数值。

② 获得能力。一般用税后净收益占资本总额的比率来反映获利能力，这一比率一般不得低于某一数值。

③ 基本结构。一般用最近一年的财产净值占资产总额的比率来反映资本结构，这一比率一般不得低于某一数值。

④ 偿债能力。一般用最近一年的流动资产占流动负债的比率（即流动比率）来反映偿债能力，这一比率一般不得低于某一数值。

⑤ 股权分散情况。一般规定上市公司的股东人数不得低于某一数值。

纽约证券交易所规定一家公司要使其股票在该交易所挂牌上市，必须满足以下几方面条件：公司前一年在完全竞争条件下的税前收益在 250 万美元以上，前两年每年的税前收益不得低于 200 万美元；公司净资产不得低于 1600 万美元；公众所持有的普通股的价值总计在 1600 万美元；最少有 100 万股股票为公众持有；有 100 万股以上的股东至少有 2000 个；经常并及时公布公司的一切财务报告。

东京股票交易所上市的标准是：东京附近的公司股份应在 1000 万股以上，资本额 5 亿日元以上，东京附近以外的公司股份应在 2000 万股以上，资本额 10 亿日元以上；中小股东的人数应在 2000 人以上；开设年限五年以上；资本净值在 15 亿日元以上，每股在 100 万日元以上；最近三年税前纯利润为：第一年 2 亿日元以上，第二年 3 亿日元以上，第三年 4 亿日元以上；分配股息，最近三年每年每股在 5 日元以上，上市后预期仍可维持这一水平。

（3）股票上市应提交的文件

一般地，股票申请上市应向交易所提交以下文件。

① 上市申请书。

② 上市报告书，应载明主要业务状况、主要财务状况、股票发行及转让状况、可能影响股票价格波动和避免出现不正常市况的事项。

③ 批准发行股票的文件。

④ 公司章程。

⑤ 申请上市的董事会决议。

⑥ 公司登记注册的证明文件。

⑦ 股东名册。

⑧ 经会计师事务所注册，会计师签字证明的公司最近两年及当年 1 月至申请日前一个月的资产负债表和损益计算表。

⑨ 交易所会员的书面推荐证明。

⑩ 股票过户事项的说明。

⑪ 经营状况公告事项的说明。

（4）股票的暂停上市和终止上市

公司上市后，若出现下列情形之一者，由证券交易所呈报主管机关——证券管理委员会核准后，交易所停止证券的买卖甚至终止其上市：

① 上市公司发生重大改组或上市公司的经营范围有重大变更而不符合上市标准者。

② 上市公司不履行法定公开的义务或财务报告，以及呈报证券交易所的其他文件有不实记载。

③ 上市公司的经营状况欠佳，最近两年连续亏损，或上市公司出现面临破产的局面。

④ 上市公司因其信用问题而被停止与银行的业务往来。

⑤ 上市公司连续一个季度不缴纳上市费。

⑥ 其他原因致使上市公司必须暂停上市。

此外，上市公司的股票在其增发或发放股票、红利期间，其股票亦将自动暂停上市。

上市公司的问题较为严重，或有下列情况之一时，证券交易所将报经有关证券主管机关核准后，可对有问题公司作出终止其上市资格的决定：

① 上市公司被暂停上市的所列情况已造成严重后果。

② 上市公司在被暂停上市期间未能有效地消除被暂停上市的原因。

③ 上市公司将被解散和进行破产清算。

④ 上市公司因其他原因而必须终止上市。

3. 股票的发行价格

当股票发行公司计划发行股票时，需要根据不同情况，确定一个发行价格以推销股票。一般而言，股票发行价格有以下几种：面值发行、时价发行、中间价发行和折价发行等。

（1）面值发行

面值发行指按股票的票面金额为发行价格。采用面值发行方式时一般不受股票市场行情的左右。由于市价往往高于面额，因此以面额为发行价格能够使认购者得到因价格差异而带来的收益，使股东乐于认购，又保证了股票公司顺利地实现筹措股金的目的。

（2）时价发行

时价发行即不以面额，而是以流通市场上的股票价格（即时价）为基础确定发行价格。这种价格一般都是时价高于票面额，二者的差价称溢价，溢价带来的收益归该股份有限公司所有。时价发行能使发行者以相对少的股份筹集到相对多的资本，从而减轻负担，同时还可以稳定流通市场的股票时价，促进资金的合理配置。按时价发行，对投资者来说也未必吃亏，因为股票市场的行情变幻莫测，如果该公司将溢价收益用于改善经营，提高了公司和股东的收益，将使股票价格上涨；投资者若能掌握时机，适时按时价卖出股票，收回的现款会远高于购买金额，以股票流通市场上当时的价格为基准，但也不必完全一致。在具体决定价格时，还要考虑股票销售难易程度、对原有股票价格是否造成冲击、认购期间价格变动的可能性等因素。因此，一般将发行价格定在低于时价5% ~ 10% 的水平上是比较合理的。

（3）中间价发行

中间价发行即股票的发行价格取票面额和市场价格的中间值。这种价格通常在时价高于面额、公司需要增资但又需要照顾原有股东的情况下采用。中间价发行对象一般为原股东，在时价和面额之间采取一个折中的价格发行，实际上是将差价收益一部分归原股东所有，一部分归公司所有，用于扩大经营。因此，在进行股东分摊时要按比例配股，不改变原来的股东构成。

（4）折价发行

折价发行即发行价格不到票面额，是打了折扣的。折价发行有两种情况：一种是优惠性的，通过折价使认购者分享权益。例如，公司为了充分体现对现有股东优惠而采取搭配增资方式时，新股票的发行价格就为票面价格的某一折扣，折价不足票面额的部分由公司的公积金抵充。现有股东所享受的优先购买和价格优惠的权利就叫作优先购股权。若股东自己不想用此权，他可以将优先购股权转让出售。这种情况有时又称作优惠售价。另一种情况是该股票行情不佳，发行有一定困难，发行者与推销者共同议定一个折扣率，以吸引那些预测行情要上涨的投资者认购。由于各国都规定发行价格不得低于票面额，因此，这种折扣发行需经过许可方能实行。

在国际股票市场上，在确定一种新股票的发行价格时，一般要考虑四个方面的数据资料。

① 要参考上市公司上市前最近三年来平均每股税后纯利乘以已上市的其

他类似股票最近三年来的平均利润率。这方面的数据占确定最终股票发行价格的 4 成比重。

② 要参考上市公司上市前最近四年来平均每股所获股息除以已上市的其他类似股票最近三年平均股息率。这方面的数据占确定最终股票发行价格的 2 成比重。

③ 要参考上市公司上市前最近期的每股资产净值。这方面的数据占确定最终股票发行价格的 2 成比重。

④ 要参考上市公司当年预计的股利除以银行一年期的定期储蓄存款利率。这方面的数据也占确定最终股票发行价格的 2 成比重。

4. 股票的发行方式

股票在上市发行前，上市公司与股票的代理发行证券商签订代理发行合同，确定股票发行的方式，明确各方面的责任。股票代理发行的方式按发行承担的风险不同，一般分为包销发行方式和代理发行方式两种。

（1）包销发行方式

包销发行是由代理股票发行的证券商一次性将上市公司新发行的全部或部分股票承购下来，并垫支相当股票发行价格的全部资本。

由于金融机构一般都有较雄厚的资金，可以预先垫支，以满足上市公司急需大量资金的需要，所以上市公司一般都愿意将其新发行的股票一次性转让给证券商包销。如果上市公司股票发行的数量太大，一家证券公司包销有困难，还可以由几家证券公司联合起来包销。

（2）代理发行方式

代理发行是由上市公司自己发行，中间只委托证券公司代为推销，证券公司代销证券只向上市公司收取一定的代理手续费。

股票上市按包销发行方式，虽然上市公司能够在短期内筹集到大量资金，以应付资金方面的急需，但一般包销出去的证券，证券承销商都只按股票的一级发行价或更低的价格收购，从而使上市公司丧失了部分应有的收获。代理发行方式对上市公司来说，虽然相对于包销发行方式能获得更多的资金，但整个筹款时间可能很长，从而不能使上市公司及时地得到所需的资金。

另外，为了股票一上市就给公众一个大有潜力、蒸蒸日上的深刻印象，上市公司在选择股票上市的时机时，经常会考虑以下几方面的因素。

一是在筹备的当时及可预计的未来一段时间内，股市行情看好。

二是为未来一年的业务做好充分铺垫，使公众普遍能预计到企业来年比今年会更好的情况下上市；不要在公司达到顶峰，又看不出未来会有大的发展变化的情况下上市，或给公众一个成长公司的印象。

三是在公司内部管理制度方面，派息、分红制度以及职工内部分配制度已确定，未来发展大政方针明确以后上市，这样会给交易所及公众一个稳定的感觉。否则，上市后的变动不仅会影响股市，严重的还可能造成暂停上市。

投资者在考察一家准备上市的公司时，看一看并分析一下它的发行方式以及上市时间的成熟与否，有时也能让我们看出一些比读它的上市公告书所能了解得更深一层的信息。

5. 股票上市交易的费用

股票的买卖，一般都是委托经纪商代办，所有的交易活动都要付出一定的费用，如上市费、场内交易费和佣金等。以上海证券交易所股票上市费用为例，费用主要包括以下三种。

（1）上市费

上市费是上市公司在其股票上市后按一定时间和标准缴纳给证券交易所的费用。上市费包括：

① 上市初费。上市初费由发行者最迟在其股票上市的三天前向证券交易所缴纳。上市初费的费用为发行面额总额的 0.03%，缴纳起点为 3000 元，最高不超过 1 万元。暂停上市的股票在经批准后重新上市时，其发行者应按上市初费标准的 20% 重新缴纳上市初费。

② 上市月费。上市月费由发行者自上市日的第二个月起至终止上市的当月止，于每月 5 日前缴纳，也可按季度或按年一次缴纳。上市月费的费用一般为发行面额总额的 0.001%，起点为 100 元，上限为 500 元。凡终止上市的股票，其发行者已缴纳的上市月费不予退还。对逾期缴纳的上市月费，按逾期的天数除以应交金额每日 0.3% 的滞纳金，起点为 1 元。

（2）场内交易费

场内交易费是准许进入证券交易所进行场内交易活动的证券商按一定时间、一定收费标准缴纳给证券交易所的费用。场内交易费包括：

① 年费。年费是证券商按年付给证券交易所的费用。自证券商加入证券交易所的当年起，兼营经纪和自营业务的证券商每年需向证券交易所缴纳年费 5 万元，证券经纪商或自营商每年需向证券交易所缴纳年费 1 万元。

② 经手费。经手费是证券商在证券交易所的场内交易成交后，按实际成交金额（以市价计算）的一定比例向证券交易所缴纳的交易经手费。成交各方均需交纳交易经手费，费用为成交金额的 0.003%。

（3）佣金

佣金是指委托者委托买卖成交后，按实际成交金额数的一定比例向承办委托的证券商缴纳的费用。佣金也就是证券商代理委托买卖成交后的经营收入，或者说手续费收入。委托买卖股票的收费标准是成交额的 0.5%，最低起点为 5 元。委托者委托买卖成交后，应在向承办委托的证券商办理交割时，按实际成交金额的 0.5% 向证券商缴纳委托买卖佣金。证券商不得任意或变相提高或降低佣金的收费标准，受托买卖未成时，证券商也不得向委托者收取佣金。

6. 公司境内上市实操

企业在进行股权设计时要把控一个基本原则：考虑当下目标（需要通过股权设计、股权激励解决的现实问题）、不忘中期目标（外部投资人进入，留下空间）、兼顾长远目标（IPO、上市）。

上市（IPO）是企业经营高度规范化、企业超强盈利能力的一个集中表现。企业借助上市，可以募集到一笔可观的资金，上市后还可以通过再融资来筹集企业发展所需的资金，进而展开对外投资、兼并、收购等活动，能够从根本上解决企业对资本的需求。

上市可以推进企业进入发展的快车道，也是外部投资人投资企业的一个最终目的和理想归宿。拟在境内上市的公司需要满足如下条件（见表 14–1）：

表 14–1　境内公司上市条件

项目	主板上市	创业板上市
营业收入	三年累计营业收入超过 3 亿元人民币。	最近一年营业收入不少于 5000 万元，最近两年营业收入增长率均不低于 30%。
净利润	连续三年盈利，且盈利总额累计超过 3000 万元。	连续两年盈利，且累计不少于 1000 万元；或者最近一年盈利，且净利润不少于 500 万元。
经营性现金流入（与营业收入指标二选一）	三年经营性现金流量净额累计超过 5000 万元。	暂无要求。
净资产及股本总额	发行前股本总额不少于 3000 万元。	发行前净资产不少于 2000 万元，发行后股本总额不少于 3000 万元。

符合上市条件的公司，需按以下流程推进上市事宜。

（1）上市前辅导

新设或改制后的股份有限公司，拟公开发行股票时，在向中国证监会提出股票发行申请前，均须由具有主承销资格的证券公司进行为期一年的辅导。

① 辅导流程。

· 聘请辅导机构。辅导机构应当具有保荐资格，并经证券经营机构或其他有关部门认定。

· 签署辅导协议。同辅导机构签署正式辅导协议，前往股份有限公司所在地的证监局办理辅导备案登记手续。

· 开始辅导。辅导机构每个季度需向当地证监局报送一次辅导工作备案报告。

· 提出整改建议。针对股份有限公司存在的问题，辅导机构应提出整改建议，并督促股份有限公司完成整改。

· 书面考试。参与辅导的人员应接受由辅导机构进行的至少一次书面考试。

· 向当地证监局提交辅导评估申请。

· 证监局验收，出具辅导监管报告。

· 向社会公告准备发行股票的事宜。股份有限公司应在辅导期满 6 个月之后的 10 天内，就接受辅导、准备发行股票的事宜在当地至少两种主要报纸连续公告两次以上。

② 辅导内容。

· 督促公司董事、监事、高级管理人员、持有 5% 以上（含 5%）股份的股东（或其法定代表人）进行全面的法规知识学习或培训。

· 督促公司按照有关规定初步建立符合现代企业制度要求的公司治理体系。

· 核查公司在设立、改制重组、股权设置和转让、增资扩股、资产评估、资本验证等方面是否合法、有效，产权关系是否明晰，股权结构是否符合有关规定。

· 督促公司实现独立运营，做到业务、资产、人员、财务、机构独立完整，主营业务突出，形成核心竞争力。

· 督促公司规范与控股股东及其他关联方的关系。

· 督促公司建立和完善规范的内部决策和控制制度，形成有效的财务、投资以及内部约束和激励制度。

· 督促公司建立健全公司财务会计管理体系，杜绝会计造假。

· 督促公司形成明确的业务发展目标和未来发展计划，制定可行的募股资金投向及其他投资项目的规划。

· 对公司是否达到发行上市条件进行综合评估，协助开展首次公开发行股票的准备工作。

（2）筹备、发行申报

① 准备工作。

· 聘请律师和具有证券业务资格的注册会计师分别着手开展核查验证和审计工作。

· 同保荐机构共同制订初步发行方案，明确股票发行规模、发行价格、发行方式、募集资金投资项目及滚存利润的分配方式，形成相关文件以供股东大会审议。

· 对募集资金投资项目的可行性进行评估，并出具募集资金可行性研究报告。需要相关部门批准的募集资金投资项目，应取得有关部门的批文。

· 如需环保部门出具环保证明的设备、生产线等，应组织专门人员向环保部门申请环保测试，并获得环保部门出具的相关证明文件。

· 整理公司最近三年的所得税纳税申报表，并向税务部门申请出具公司最近三年是否存在税收违规的证明。

② 申报股票发行所需文件。

· 招股说明书及招股说明书摘要；

· 最近三年审计报告及财务报告全文；

· 股票发行方案与发行公告；

· 中国证监会推荐公司发行股票的函；

· 保荐机构关于公司申请文件的核查意见；

· 报中国证监会备案的《股票发行上市辅导汇总报告》；

· 律师出具的法律意见书和律师工作报告；

· 企业申请发行股票的报告；

· 企业发行股票授权董事会处理有关事宜的股东大会决议；

· 本次募集资金运用方案及股东大会的决议；

· 有权部门对固定资产投资项目建议书的批准文件（如需要立项批文）；

· 募集资金运用项目的可行性研究报告；

· 股份有限公司设立的相关文件；

· 其他相关文件。

③ 核准流程。

在主板上市公司首次公开发行股票的核准流程：

· 申报。发行人应当按照中国证监会的有关规定制作申请文件，由保荐人保荐并向中国证监会申报。特定行业的发行人应当提供管理部门的相关意见。

· 受理。中国证监会收到申请文件后，在5个工作日内作出是否受理的决定。

· 初审。中国证监会受理申请文件后，由相关职能部门对发行人的申请文件进行初审。

· 预披露。根据《证券法》第二十条的规定，发行人申请首次公开发行股票的，在提交申请文件后，应当按照国务院证券监督管理机构的规定预先披露有关申请文件。

· 发审委审核。相关职能部门对发行人的申请文件初审完成后，由发审委组织发审委会议进行审核。

· 决定。中国证监会依照法定条件对发行人的发行申请作出予以核准或者不予核准的决定，并出具相关文件。

在创业板上市公司首次公开发行股票的核准程序：

· 发行公司董事会应当依法就首次公开发行股票并在创业板上市的具体方案、募集资金使用的可行性及其他必须明确的事项作出决议，并提请股东大会批准。

· 发行人应当按照中国证监会有关规定制作申请文件，由保荐人保荐并向中国证监会申报。

· 中国证监会收到申请文件后，在 5 个工作日内作出是否受理的决定。

· 发行人应当自中国证监会核准之日起 6 个月内发行股票；超过 6 个月未发行的，核准文件失效，须重新经中国证监会核准后方可发行。

· 股票发行申请未获核准的，发行人可自中国证监会作出不予核准决定之日起 6 个月后再次提出股票发行申请。

（3）促销、发行

① 询价。

首次公开发行股票，应当通过向特定机构投资者询价的方式确定股票发行价格。

询价结束后，公开发行股票数量在 4 亿股以下、提供有效报价的询价对象不足 20 家的，或者公开发行股票数量在 4 亿股以上、提供有效报价的询价对象不足 50 家的，发行人及其主承销商不得确定发行价格，并应当终止发行。

② 路演。

当发行准备工作已经基本完成，且发行审查已经原则通过的情况下，主承销商（或全球协调人）将安排承销前的国际推介与询价。该阶段工作主要包括以下几个环节。

· 预路演。预路演是指由主承销商的销售人员和分析员去拜访一些特定的投资者，通常是大型的专业机构投资者，听取他们对股票发行价格的意见及看法，了解市场需求，并据此确定一个价格区间。

· 路演推介。路演推介指在主承销商的安排和协助下，由发行人面对投资者公开进行的、旨在让投资者通过与发行人面对面的接触更好地了解发行人，进而决定是否进行认购的一个过程。

· 簿记定价。簿记定价主要是统计投资者在不同价格区间的购买需求量，以把握投资者需求对价格的敏感度，从而为主承销商（或全球协调人）的市场研究人员对定价区间、承销结果、上市后的基本表现等进行研究和分析提供依据。

以上环节完成后，主承销商（或全球协调人）将与发行人签署承销协议，并由承销团成员签署承销团协议，准备公开募股文件的披露。

（4）上市

① 拟定股票代码与股票简称。股票发行申请文件通过发审会后，发行人

即可提出股票代码与股票简称的申请，报证券交易所核定。

② 上市申请。发行人股票发行完毕后，应及时向证券交易所上市委员会提出上市申请，并需提交相关文件。

③ 审查批准。证券交易所在收到发行人提交的全部上市申请文件后 7 个交易日内，作出是否同意上市的决定并通知发行人。

④ 签订上市协议书。发行人在收到上市通知后，应当与证券交易所签订上市协议书，以明确相互间的权利和义务。

⑤ 披露上市公告书。发行人在股票挂牌前 3 个工作日内，将上市公告书刊登在中国证监会指定报纸上。

⑥ 股票挂牌交易。申请上市的股票将根据证券交易所安排和上市公告书披露的上市日期挂牌交易。一般要求，股票发行后 7 个交易日内挂牌上市。

⑦ 后市支持。需要券商等投资机构提供企业融资咨询服务、行业研究与报道服务、投资者关系沟通等。

第十四章　股权激励：上市公司股权激励

1. 上市公司股权激励对象的特殊要求

上市公司是通过公开发行的股票经过国务院或者国务院授权的证券管理部门批准在证券交易所上市交易的股份有限公司，公开透明性强，社会影响力大，监管比较严格，对股权激励对象的要求也比较严格。

(1)《公司法》规定的股权激励例外对象

具有《公司法》规定的不得担任公司董事、监事、高级管理人员情形的不能作为激励对象。《公司法》第一百四十六条第一款规定："有下列情形之一的，不得担任公司的董事、监事、高级管理人员：（一）无民事行为能力或者限制民事行为能力；（二）因贪污、贿赂、侵占财产、挪用财产或者破坏社会主义市场经济秩序，被判处刑罚，执行期满未逾五年，或者因犯罪被剥夺政治权利，执行期满未逾五年；（三）担任破产清算的公司、企业的董事或者厂长、经理，对该公司、企业的破产负有个人责任的，自该公司、企业破产清算完结之日起未逾三年；（四）担任因违法被吊销营业执照、责令关闭的公司、企业的法定代表人，并负有个人责任的，自该公司、企业被吊销营业执照之日起未逾三年；（五）个人所负数额较大的债务到期未清偿。"

(2)《上市公司股权激励管理办法》规定的股权激励对象

《上市公司股权激励管理办法》第八条规定："激励对象可以包括上市公司

的董事、高级管理人员、核心技术人员或者核心业务人员，以及公司认为应当激励的对公司经营业绩和未来发展有直接影响的其他员工，但不应当包括独立董事和监事。外籍员工任职上市公司董事、高级管理人员、核心技术人员或者核心业务人员的，可以成为激励对象。单独或合计持有上市公司 5% 以上股份的股东或实际控制人及其配偶、父母、子女，不得成为激励对象。下列人员也不得成为激励对象：（一）最近 12 个月内被证券交易所认定为不适当人选；（二）最近 12 个月内被中国证监会及其派出机构认定为不适当人选；（三）最近 12 个月内因重大违法违规行为被中国证监会及其派出机构行政处罚或者采取市场禁入措施；（四）具有《公司法》规定的不得担任公司董事、高级管理人员情形的；（五）法律法规规定不得参与上市公司股权激励的；（六）中国证监会认定的其他情形。”

综上，中国证监会对可实行股权激励的上市公司的对象具有严格的限制标准，有明确的法律依据，实践中比较容易把握。

（3）国有上市公司股权激励对象

国有上市公司有其特殊的背景和交易环境，也有其特殊的法律法规规定。财政部、科技部、国资委三部委 2016 年印发了《国有科技型企业股权和分红激励暂行办法》（以下简称《办法》），《办法》对国有科技型企业的范围、实行股权激励的原则、实施条件等都作了明确规定。《办法》第七条对国有科技型企业可实行股权激励的对象作了明确规定：“激励对象为与本企业签订劳动合同的重要技术人员和经营管理人员，具体包括：（一）关键职务科技成果的主要完成人，重大开发项目的负责人，对主导产品或者核心技术、工艺流程做出重大创新或者改进的主要技术人员。（二）主持企业全面生产经营工作的高级管理人员，负责企业主要产品（服务）生产经营的中、高级经营管理人员。（三）通过省、部级及以上人才计划引进的重要技术人才和经营管理人才。企业不得面向全体员工实施股权或者分红激励。企业监事、独立董事不得参与企业股权或者分红激励。”

对于国有科技型公司，股权激励对象较为明确。

2. 上市公司股权激励的股票来源

进行股权激励，能够帮助企业吸引并留住人才，从而实现企业同人才之间的紧密利益捆绑，同时对于刺激业绩增长和实现企业基业长青也有着重要作用。对上市公司而言，实施股权激励，务必要解决好用于激励的股权来源问题。通常，上市公司可用于激励的股权主要来自这样几个渠道。

（1）原股东转让

如果公司以资金股对员工进行激励，通常需要原股东进行转让。资金股是指投资人根据其出资（货币、实物、无形资产）而享有的股东权益。《公司法》第四条规定公司股东依法享有资产收益、参与重大决策和选择管理者等权利。其法律特征为：第一，分红权和公司剩余财产分配权；第二，重大决策权；第三，以出资额为限承担财产责任。

可见，资金股所有者是公司股东，是实际的掌控者，出让部分股份需要具备相当的格局和胸襟。在实操过程中需要注意几个要点。

第一，转让股权需要经过公司股东半数以上表决同意。《公司法》中规定，股东向股东以外的人转让股权，需要经过公司股东过半数同意。由此也可以看出，表决权对创始人的重要性。

第二，原股东具有优先购买权。股东向股东以外的人转让股权，在同等条件下，其他股东有优先购买权。如果激励股从股东转让中来，必须让全体股东放弃优先购买权。股权激励不同于其他形式的转让，因此，建议公司大股东应事先和其他股东做好约定，放弃对激励股权的优先购买权，否则，股权激励还是无法推进。

第三，确保大股东的控制权。大股东在作出转让股权的决定时，应严格控制出让的比例，以免影响控股权或对公司的实际控制权。

通过原股东转让的方式实施股权激励的公司以非国有制为主，且多数股权转让发生在公司股份制改造过程中。通常，非国有制公司大股东所持股票不存在制约其低价转让的制度障碍，而且公司大股东希望通过股权激励，将公司经营管理层的自身利益同公司的长期利益和股东利益相统一，以实现公司长期稳定的发展。

（2）增资扩股

增资扩股也是一种常见的股权激励方式，它会使公司的注册资本增加。相应地，老股东的持股比例相应稀释，同老股东的利益休戚相关。因此，公司通过增资扩股来进行股权激励时，需要全体股东表决。

对此，《公司法》四十三条第二款规定："股东会会议作出修改公司章程、增加或者减少注册资本的决议，以及公司合并、分立、解散或者变更公司形式的决议，必须经代表三分之二以上表决权的股东通过。"

（3）股权池

很多公司在成立时都会预留一部分股权用于后期实施股权激励计划，一般为 15% 左右，这部分股权由主创始人或者董事会指定一个股东代持，等激励计划实施时进行释放。

（4）公司回购部分股权用以激励

公司通过二级市场回购股票来满足公司股权激励的需求，是国际上比较通行的一种股权激励途径。但我国由于法律制度规定以及上市公司内部股权结构和内部治理结构自身的特点，使得公司回购股权存在一定难度。

《公司法》第一百四十二条规定，公司不得收购本公司的股份，但为减少公司注册资本或者与持有本公司股份的其他公司合并时除外。这就使得国内上市公司无法通过直接购入本公司股票的方式实施股权激励。其中道理不难理解，因为如果公司通过回购股票的方式成为股东，将会混淆公司与股东之间的关系，还会产生公司经营者利用经营之便掌握公司拥有的本公司股份，损害其他公司股东的权利。

但是，在某些特殊情况下，公司是可以回购本公司股份的。《公司法》第一百四十二条规定，当公司将股份用于员工持股计划或者股权激励时，公司可以收购本公司股份。另外，作为变通，公司可以通过设立管理层奖励基金，在经营过程中根据各项业绩指标的完成情况提取奖励基金，并交予薪酬委员会或特定机构管理。同时，为维护公司的长期利益，实现股东利益最大化，公司通常可对奖励基金的兑现方式进行限制，要求用其一定比例购买本公司股权，以达到股权激励的目的。

需要注意的是，对于一般上市公司，全部有效的股权激励计划所涉及的标的股权总量累计不得超过股本总额的 10%，其中个人获授部分不得超过股本总额的 1%，超过 1% 的需要获得股东大会的特别批准。

国有控股上市公司首次授权的授予数量应控制在上市公司发行总股本的 1% 以内。国有控股境外上市公司在股权激励计划有效期内授予任一人员的股权（包括已行使和未行使的股权）超过上市公司发行总股本的 1% 的，上市公司不再授予其股权，限制较严。

3. 上市公司股权激励行权价格

上市公司的股票价格是公开透明的，在确定股权激励行权价格时要着重考虑三个因素：以什么时间点的股票价格为行权价、要不要打折、要不要溢价。

在激励对象行权时，只有当时公司的股价高于授予的行权价，股权激励才有价值，激励对象才会行权；当公司股价低于行权价，股权激励的内在价值为零时，激励对象就会放弃行权。因此，为有效激励员工和管理层，行权价格要定得合理。首先，不能太高，行权价过高，接近或者高于未来行权时的股票市价，就意味着激励对象很难通过提高企业业绩而获得股权激励收益，丧失参与行权的积极性；其次，也不宜太低，否则会损失原有股东权益。

上市公司股权激励方案主要有三种：股票期权激励、限制性股票激励和股票增值权激励，其行权价格的确定方法也不尽相同。

（1）股票期权激励定价法

股票期权模式是指股份有限公司赋予激励对象购买本公司股票的选择权。具有这种选择权的人，可以在规定的时期内以事先确定的价格（行权价）购买公司一定数量的股票（此过程称为行权），也可以放弃购买股票的权利，但股票期权本身不可转让、抵押、质押、担保和偿还债务。

股票期权实质上是公司给予激励对象的一种激励报酬，该报酬能否取得完全取决于以经理人为首的相关人员能否通过努力实现公司的激励目标（股价超过行权价）。

根据《上市公司股权激励管理办法》的规定，上市公司在授予激励对象股票期权时，应当确定行权价格或者行权价格的确定方法。行权价格不得低于股票票面金额，且原则上不得低于下列价格较高者：股权激励计划草案公布前 1 个交易日的公司股票交易均价；股权激励计划草案公布前 20 个交易日、60 个交易日或者 120 个交易日的公司股票交易均价之一。

（2）限制性股票激励定价法

限制性股票是指挂牌公司以低于二级市场上的价格授予激励对象一定数量的本公司股票，激励对象以自筹资金购买公司股票。限制性股权一般会设定股票锁定期（即持有股票但不能出售），在公司业绩达到预先设定的考核指标后，方可按照约定的期限和比例将股票进行解锁。

根据《上市公司股权激励管理办法》的规定，上市公司在授予激励对象限制性股票时，应当确定授予价格或授予价格的确定方法。授予价格不得低于股票票面金额，且原则上不得低于下列价格较高者：股权激励计划草案公布前 1 个交易日的公司股票交易均价的 50%；股权激励计划草案公布前 20 个交易日、60 个交易日或者 120 个交易日的公司股票交易均价之一的 50%。上市公司采用其他方法确定限制性股票授予价格的，应当在股权激励计划中对定价依据及定价方式作出说明。

（3）股票增值权激励定价法

股票账面增值权是股票增值权的衍生方式，增值权也是指公司净资产增值部分。这种方案与公司股价的变化无关，只与公司净资产挂钩，参考系数主要来源于公司净资产的增减。

股票增值权激励定价方法应与股票期权激励定价方法一致。

附件

上市公司股权激励管理办法

（2016 年 5 月 4 日中国证券监督管理委员会 2016 年第 6 次主席办公会议审议通过　根据 2018 年 8 月 15 日中国证券监督管理委员会《关于修改〈上市公司股权激励管理办法〉的决定》修正）

第一章　总　则

第一条　为进一步促进上市公司建立健全激励与约束机制，依据《中华人民共和国公司法》（以下简称《公司法》）、《中华人民共和国证券法》（以下简称《证券法》）及其他法律、行政法规的规定，制定本办法。

第二条　本办法所称股权激励是指上市公司以本公司股票为标的，对其董事、高级管理人员及其他员工进行的长期性激励。

上市公司以限制性股票、股票期权实行股权激励的，适用本办法；以法律、行政法规允许的其他方式实行股权激励的，参照本办法有关规定执行。

第三条　上市公司实行股权激励，应当符合法律、行政法规、本办法和公司章程的规定，有利于上市公司的持续发展，不得损害上市公司利益。

上市公司的董事、监事和高级管理人员在实行股权激励中应当诚实守信，勤勉尽责，维护公司和全体股东的利益。

第四条　上市公司实行股权激励，应当严格按照本办法和其他相关规定的要求履行信息披露义务。

第五条　为上市公司股权激励计划出具意见的证券中介机构和人员，应当诚实守信、勤勉尽责，保证所出具的文件真实、准确、完整。

第六条　任何人不得利用股权激励进行内幕交易、操纵证券市场等违法活动。

第二章　一般规定

第七条　上市公司具有下列情形之一的，不得实行股权激励：

（一）最近一个会计年度财务会计报告被注册会计师出具否定意见或者无法表示意见的审计报告；

（二）最近一个会计年度财务报告内部控制被注册会计师出具否定意见或无法表示意见的审计报告；

（三）上市后最近36个月内出现过未按法律法规、公司章程、公开承诺进行利润分配的情形；

（四）法律法规规定不得实行股权激励的；

（五）中国证监会认定的其他情形。

第八条　激励对象可以包括上市公司的董事、高级管理人员、核心技术人员或者核心业务人员，以及公司认为应当激励的对公司经营业绩和未来发展有直接影响的其他员工，但不应当包括独立董事和监事。外籍员工任职上市公司董事、高级管理人员、核心技术人员或者核心业务人员的，可以成为激励对象。

单独或合计持有上市公司5%以上股份的股东或实际控制人及其配偶、父母、子女，不得成为激励对象。下列人员也不得成为激励对象：

（一）最近12个月内被证券交易所认定为不适当人选；

（二）最近12个月内被中国证监会及其派出机构认定为不适当人选；

（三）最近12个月内因重大违法违规行为被中国证监会及其派出机构行政处罚或者采取市场禁入措施；

（四）具有《公司法》规定的不得担任公司董事、高级管理人员情形的；

（五）法律法规规定不得参与上市公司股权激励的；

（六）中国证监会认定的其他情形。

第九条　上市公司依照本办法制定股权激励计划的，应当在股权激励计划中载明下列事项：

（一）股权激励的目的；

（二）激励对象的确定依据和范围；

（三）拟授出的权益数量，拟授出权益涉及的标的股票种类、来源、数量及占上市公司股本总额的百分比；分次授出的，每次拟授出的权益数量、涉及的标的股票数量及占股权激励计划涉及的标的股票总额的百分比、占上市公司股本总额的百分比；设置预留权益的，拟预留权益的数量、涉及标的股票数量及占股权激励计划的标的股票总额的百分比；

（四）激励对象为董事、高级管理人员的，其各自可获授的权益数量、占股权激励计划拟授出权益总量的百分比；其他激励对象（各自或者按适当分类）的姓名、职务、可获授的权益数量及占股权激励计划拟授出权益总量的百分比；

（五）股权激励计划的有效期，限制性股票的授予日、限售期和解除限售安排，股票期权的授权日、可行权日、行权有效期和行权安排；

（六）限制性股票的授予价格或者授予价格的确定方法，股票期权的行权价格或者行权价格的确定方法；

（七）激励对象获授权益、行使权益的条件；

（八）上市公司授出权益、激励对象行使权益的程序；

（九）调整权益数量、标的股票数量、授予价格或者行权价格的方法和程序；

（十）股权激励会计处理方法、限制性股票或股票期权公允价值的确定方法、涉及估值模型重要参数取值合理性、实施股权激励应当计提费用及对上市公司经营业绩的影响；

（十一）股权激励计划的变更、终止；

（十二）上市公司发生控制权变更、合并、分立以及激励对象发生职务变更、离职、死亡等事项时股权激励计划的执行；

（十三）上市公司与激励对象之间相关纠纷或争端解决机制；

（十四）上市公司与激励对象的其他权利义务。

第十条　上市公司应当设立激励对象获授权益、行使权益的条件。拟分次授出权益的，应当就每次激励对象获授权益分别设立条件；分期行权的，应当就每次激励对象行使权益分别设立条件。

激励对象为董事、高级管理人员的，上市公司应当设立绩效考核指标作为激励对象行使权益的条件。

第十一条 绩效考核指标应当包括公司业绩指标和激励对象个人绩效指标。相关指标应当客观公开、清晰透明，符合公司的实际情况，有利于促进公司竞争力的提升。

上市公司可以公司历史业绩或同行业可比公司相关指标作为公司业绩指标对照依据，公司选取的业绩指标可以包括净资产收益率、每股收益、每股分红等能够反映股东回报和公司价值创造的综合性指标，以及净利润增长率、主营业务收入增长率等能够反映公司盈利能力和市场价值的成长性指标。以同行业可比公司相关指标作为对照依据的，选取的对照公司不少于3家。

激励对象个人绩效指标由上市公司自行确定。

上市公司应当在公告股权激励计划草案的同时披露所设定指标的科学性和合理性。

第十二条 拟实行股权激励的上市公司，可以下列方式作为标的股票来源：

（一）向激励对象发行股份；

（二）回购本公司股份；

（三）法律、行政法规允许的其他方式。

第十三条 股权激励计划的有效期从首次授予权益日起不得超过10年。

第十四条 上市公司可以同时实行多期股权激励计划。同时实行多期股权激励计划的，各期激励计划设立的公司业绩指标应当保持可比性，后期激励计划的公司业绩指标低于前期激励计划的，上市公司应当充分说明其原因与合理性。

上市公司全部在有效期内的股权激励计划所涉及的标的股票总数累计不得超过公司股本总额的10%。非经股东大会特别决议批准，任何一名激励对象通过全部在有效期内的股权激励计划获授的本公司股票，累计不得超过公司股本总额的1%。

本条第二款所称股本总额是指股东大会批准最近一次股权激励计划时公司已发行的股本总额。

第十五条 上市公司在推出股权激励计划时，可以设置预留权益，预留比例不得超过本次股权激励计划拟授予权益数量的20%。

上市公司应当在股权激励计划经股东大会审议通过后12个月内明确预留权益的授予对象；超过12个月未明确激励对象的，预留权益失效。

第十六条　相关法律、行政法规、部门规章对上市公司董事、高级管理人员买卖本公司股票的期间有限制的，上市公司不得在相关限制期间内向激励对象授出限制性股票，激励对象也不得行使权益。

第十七条　上市公司启动及实施增发新股、并购重组、资产注入、发行可转债、发行公司债券等重大事项期间，可以实行股权激励计划。

第十八条　上市公司发生本办法第七条规定的情形之一的，应当终止实施股权激励计划，不得向激励对象继续授予新的权益，激励对象根据股权激励计划已获授但尚未行使的权益应当终止行使。

在股权激励计划实施过程中，出现本办法第八条规定的不得成为激励对象情形的，上市公司不得继续授予其权益，其已获授但尚未行使的权益应当终止行使。

第十九条　激励对象在获授限制性股票或者对获授的股票期权行使权益前后买卖股票的行为，应当遵守《证券法》、《公司法》等相关规定。

上市公司应当在本办法第二十条规定的协议中，就前述义务向激励对象作出特别提示。

第二十条　上市公司应当与激励对象签订协议，确认股权激励计划的内容，并依照本办法约定双方的其他权利义务。

上市公司应当承诺，股权激励计划相关信息披露文件不存在虚假记载、误导性陈述或者重大遗漏。

所有激励对象应当承诺，上市公司因信息披露文件中有虚假记载、误导性陈述或者重大遗漏，导致不符合授予权益或行使权益安排的，激励对象应当自相关信息披露文件被确认存在虚假记载、误导性陈述或者重大遗漏后，将由股权激励计划所获得的全部利益返还公司。

第二十一条　激励对象参与股权激励计划的资金来源应当合法合规，不得违反法律、行政法规及中国证监会的相关规定。

上市公司不得为激励对象依股权激励计划获取有关权益提供贷款以及其他任何形式的财务资助，包括为其贷款提供担保。

第三章　限制性股票

第二十二条　本办法所称限制性股票是指激励对象按照股权激励计划规定的条件，获得的转让等部分权利受到限制的本公司股票。

限制性股票在解除限售前不得转让、用于担保或偿还债务。

第二十三条　上市公司在授予激励对象限制性股票时，应当确定授予价格或授予价格的确定方法。授予价格不得低于股票票面金额，且原则上不得低于下列价格较高者：

（一）股权激励计划草案公布前 1 个交易日的公司股票交易均价的 50%；

（二）股权激励计划草案公布前 20 个交易日、60 个交易日或者 120 个交易日的公司股票交易均价之一的 50%。

上市公司采用其他方法确定限制性股票授予价格的，应当在股权激励计划中对定价依据及定价方式作出说明。

第二十四条　限制性股票授予日与首次解除限售日之间的间隔不得少于 12 个月。

第二十五条　在限制性股票有效期内，上市公司应当规定分期解除限售，每期时限不得少于 12 个月，各期解除限售的比例不得超过激励对象获授限制性股票总额的 50%。

当期解除限售的条件未成就的，限制性股票不得解除限售或递延至下期解除限售，应当按照本办法第二十六条规定处理。

第二十六条　出现本办法第十八条、第二十五条规定情形，或者其他终止实施股权激励计划的情形或激励对象未达到解除限售条件的，上市公司应当回购尚未解除限售的限制性股票，并按照《公司法》的规定进行处理。

对出现本办法第十八条第一款情形负有个人责任的，或出现本办法第十八条第二款情形的，回购价格不得高于授予价格；出现其他情形的，回购价格不得高于授予价格加上银行同期存款利息之和。

第二十七条　上市公司应当在本办法第二十六条规定的情形出现后及时召

开董事会审议回购股份方案，并依法将回购股份方案提交股东大会批准。回购股份方案包括但不限于以下内容：

（一）回购股份的原因；

（二）回购股份的价格及定价依据；

（三）拟回购股份的种类、数量及占股权激励计划所涉及的标的股票的比例、占总股本的比例；

（四）拟用于回购的资金总额及资金来源；

（五）回购后公司股本结构的变动情况及对公司业绩的影响。

律师事务所应当就回购股份方案是否符合法律、行政法规、本办法的规定和股权激励计划的安排出具专业意见。

第四章　股票期权

第二十八条　本办法所称股票期权是指上市公司授予激励对象在未来一定期限内以预先确定的条件购买本公司一定数量股份的权利。

激励对象获授的股票期权不得转让、用于担保或偿还债务。

第二十九条　上市公司在授予激励对象股票期权时，应当确定行权价格或者行权价格的确定方法。行权价格不得低于股票票面金额，且原则上不得低于下列价格较高者：

（一）股权激励计划草案公布前 1 个交易日的公司股票交易均价；

（二）股权激励计划草案公布前 20 个交易日、60 个交易日或者 120 个交易日的公司股票交易均价之一。

上市公司采用其他方法确定行权价格的，应当在股权激励计划中对定价依据及定价方式作出说明。

第三十条　股票期权授权日与获授股票期权首次可行权日之间的间隔不得少于 12 个月。

第三十一条　在股票期权有效期内，上市公司应当规定激励对象分期行权，每期时限不得少于 12 个月，后一行权期的起算日不得早于前一行权期的届满日。每期可行权的股票期权比例不得超过激励对象获授股票期权总额的 50%。

当期行权条件未成就的，股票期权不得行权或递延至下期行权，并应当按照本办法第三十二条第二款规定处理。

第三十二条 股票期权各行权期结束后，激励对象未行权的当期股票期权应当终止行权，上市公司应当及时注销。

出现本办法第十八条、第三十一条规定情形，或者其他终止实施股权激励计划的情形或激励对象不符合行权条件的，上市公司应当注销对应的股票期权。

第五章 实施程序

第三十三条 上市公司董事会下设的薪酬与考核委员会负责拟订股权激励计划草案。

第三十四条 上市公司实行股权激励，董事会应当依法对股权激励计划草案作出决议，拟作为激励对象的董事或与其存在关联关系的董事应当回避表决。

董事会审议本办法第四十六条、第四十七条、第四十八条、第四十九条、第五十条、第五十一条规定中有关股权激励计划实施的事项时，拟作为激励对象的董事或与其存在关联关系的董事应当回避表决。

董事会应当在依照本办法第三十七条、第五十四条的规定履行公示、公告程序后，将股权激励计划提交股东大会审议。

第三十五条 独立董事及监事会应当就股权激励计划草案是否有利于上市公司的持续发展，是否存在明显损害上市公司及全体股东利益的情形发表意见。

独立董事或监事会认为有必要的，可以建议上市公司聘请独立财务顾问，对股权激励计划的可行性、是否有利于上市公司的持续发展、是否损害上市公司利益以及对股东利益的影响发表专业意见。上市公司未按照建议聘请独立财务顾问的，应当就此事项作特别说明。

第三十六条 上市公司未按照本办法第二十三条、第二十九条定价原则，而采用其他方法确定限制性股票授予价格或股票期权行权价格的，应当聘请独立财务顾问，对股权激励计划的可行性、是否有利于上市公司的持续发展、相关定价依据和定价方法的合理性、是否损害上市公司利益以及对股东利益的影响发表专业意见。

第三十七条 上市公司应当在召开股东大会前，通过公司网站或者其他途径，在公司内部公示激励对象的姓名和职务，公示期不少于10天。

监事会应当对股权激励名单进行审核，充分听取公示意见。上市公司应当在股东大会审议股权激励计划前5日披露监事会对激励名单审核及公示情况的说明。

第三十八条　上市公司应当对内幕信息知情人在股权激励计划草案公告前6个月内买卖本公司股票及其衍生品种的情况进行自查，说明是否存在内幕交易行为。

知悉内幕信息而买卖本公司股票的，不得成为激励对象，法律、行政法规及相关司法解释规定不属于内幕交易的情形除外。

泄露内幕信息而导致内幕交易发生的，不得成为激励对象。

第三十九条　上市公司应当聘请律师事务所对股权激励计划出具法律意见书，至少对以下事项发表专业意见：

（一）上市公司是否符合本办法规定的实行股权激励的条件；

（二）股权激励计划的内容是否符合本办法的规定；

（三）股权激励计划的拟订、审议、公示等程序是否符合本办法的规定；

（四）股权激励对象的确定是否符合本办法及相关法律法规的规定；

（五）上市公司是否已按照中国证监会的相关要求履行信息披露义务；

（六）上市公司是否为激励对象提供财务资助；

（七）股权激励计划是否存在明显损害上市公司及全体股东利益和违反有关法律、行政法规的情形；

（八）拟作为激励对象的董事或与其存在关联关系的董事是否根据本办法的规定进行了回避；

（九）其他应当说明的事项。

第四十条　上市公司召开股东大会审议股权激励计划时，独立董事应当就股权激励计划向所有的股东征集委托投票权。

第四十一条　股东大会应当对本办法第九条规定的股权激励计划内容进行表决，并经出席会议的股东所持表决权的2/3以上通过。除上市公司董事、监事、高级管理人员、单独或合计持有上市公司5%以上股份的股东以外，其他股东的投票情况应当单独统计并予以披露。

上市公司股东大会审议股权激励计划时，拟为激励对象的股东或者与激励对象存在关联关系的股东，应当回避表决。

第四十二条 上市公司董事会应当根据股东大会决议，负责实施限制性股票的授予、解除限售和回购以及股票期权的授权、行权和注销。

上市公司监事会应当对限制性股票授予日及期权授予日激励对象名单进行核实并发表意见。

第四十三条 上市公司授予权益与回购限制性股票、激励对象行使权益前，上市公司应当向证券交易所提出申请，经证券交易所确认后，由证券登记结算机构办理登记结算事宜。

第四十四条 股权激励计划经股东大会审议通过后，上市公司应当在60日内授予权益并完成公告、登记；有获授权益条件的，应当在条件成就后60日内授出权益并完成公告、登记。上市公司未能在60日内完成上述工作的，应当及时披露未完成的原因，并宣告终止实施股权激励，自公告之日起3个月内不得再次审议股权激励计划。根据本办法规定上市公司不得授出权益的期间不计算在60日内。

第四十五条 上市公司应当按照证券登记结算机构的业务规则，在证券登记结算机构开设证券账户，用于股权激励的实施。

激励对象为外籍员工的，可以向证券登记结算机构申请开立证券账户。

尚未行权的股票期权，以及不得转让的标的股票，应当予以锁定。

第四十六条 上市公司在向激励对象授出权益前，董事会应当就股权激励计划设定的激励对象获授权益的条件是否成就进行审议，独立董事及监事会应当同时发表明确意见。律师事务所应当对激励对象获授权益的条件是否成就出具法律意见。

上市公司向激励对象授出权益与股权激励计划的安排存在差异时，独立董事、监事会（当激励对象发生变化时）、律师事务所、独立财务顾问（如有）应当同时发表明确意见。

第四十七条 激励对象在行使权益前，董事会应当就股权激励计划设定的激励对象行使权益的条件是否成就进行审议，独立董事及监事会应当同时发表明确意见。律师事务所应当对激励对象行使权益的条件是否成就出具法律意见。

第四十八条　因标的股票除权、除息或者其他原因需要调整权益价格或者数量的，上市公司董事会应当按照股权激励计划规定的原则、方式和程序进行调整。

律师事务所应当就上述调整是否符合本办法、公司章程的规定和股权激励计划的安排出具专业意见。

第四十九条　分次授出权益的，在每次授出权益前，上市公司应当召开董事会，按照股权激励计划的内容及首次授出权益时确定的原则，决定授出的权益价格、行使权益安排等内容。

当次授予权益的条件未成就时，上市公司不得向激励对象授予权益，未授予的权益也不得递延下期授予。

第五十条　上市公司在股东大会审议通过股权激励方案之前可对其进行变更。变更需经董事会审议通过。

上市公司对已通过股东大会审议的股权激励方案进行变更的，应当及时公告并提交股东大会审议，且不得包括下列情形：

（一）导致加速行权或提前解除限售的情形；

（二）降低行权价格或授予价格的情形。

独立董事、监事会应当就变更后的方案是否有利于上市公司的持续发展，是否存在明显损害上市公司及全体股东利益的情形发表独立意见。律师事务所应当就变更后的方案是否符合本办法及相关法律法规的规定、是否存在明显损害上市公司及全体股东利益的情形发表专业意见。

第五十一条　上市公司在股东大会审议股权激励计划之前拟终止实施股权激励的，需经董事会审议通过。

上市公司在股东大会审议通过股权激励计划之后终止实施股权激励的，应当由股东大会审议决定。

律师事务所应当就上市公司终止实施激励是否符合本办法及相关法律法规的规定、是否存在明显损害上市公司及全体股东利益的情形发表专业意见。

第五十二条 上市公司股东大会或董事会审议通过终止实施股权激励计划决议，或者股东大会审议未通过股权激励计划的，自决议公告之日起3个月内，上市公司不得再次审议股权激励计划。

第六章 信息披露

第五十三条 上市公司实行股权激励，应当真实、准确、完整、及时、公平地披露或者提供信息，不得有虚假记载、误导性陈述或者重大遗漏。

第五十四条 上市公司应当在董事会审议通过股权激励计划草案后，及时公告董事会决议、股权激励计划草案、独立董事意见及监事会意见。

上市公司实行股权激励计划依照规定需要取得有关部门批准的，应当在取得有关批复文件后的2个交易日内进行公告。

第五十五条 股东大会审议股权激励计划前，上市公司拟对股权激励方案进行变更的，变更议案经董事会审议通过后，上市公司应当及时披露董事会决议公告，同时披露变更原因、变更内容及独立董事、监事会、律师事务所意见。

第五十六条 上市公司在发出召开股东大会审议股权激励计划的通知时，应当同时公告法律意见书；聘请独立财务顾问的，还应当同时公告独立财务顾问报告。

第五十七条 股东大会审议通过股权激励计划及相关议案后，上市公司应当及时披露股东大会决议公告、经股东大会审议通过的股权激励计划、以及内幕信息知情人买卖本公司股票情况的自查报告。股东大会决议公告中应当包括中小投资者单独计票结果。

第五十八条 上市公司分次授出权益的，分次授出权益的议案经董事会审议通过后，上市公司应当及时披露董事会决议公告，对拟授出的权益价格、行使权益安排、是否符合股权激励计划的安排等内容进行说明。

第五十九条 因标的股票除权、除息或者其他原因调整权益价格或者数量的，调整议案经董事会审议通过后，上市公司应当及时披露董事会决议公告，同时公告律师事务所意见。

第六十条 上市公司董事会应当在授予权益及股票期权行权登记完成后、限制性股票解除限售前，及时披露相关实施情况的公告。

第六十一条　上市公司向激励对象授出权益时，应当按照本办法第四十四条规定履行信息披露义务，并再次披露股权激励会计处理方法、公允价值确定方法、涉及估值模型重要参数取值的合理性、实施股权激励应当计提的费用及对上市公司业绩的影响。

第六十二条　上市公司董事会按照本办法第四十六条、第四十七条规定对激励对象获授权益、行使权益的条件是否成就进行审议的，上市公司应当及时披露董事会决议公告，同时公告独立董事、监事会、律师事务所意见以及独立财务顾问意见（如有）。

第六十三条　上市公司董事会按照本办法第二十七条规定审议限制性股票回购方案的，应当及时公告回购股份方案及律师事务所意见。回购股份方案经股东大会批准后，上市公司应当及时公告股东大会决议。

第六十四条　上市公司终止实施股权激励的，终止实施议案经股东大会或董事会审议通过后，上市公司应当及时披露股东大会决议公告或董事会决议公告，并对终止实施股权激励的原因、股权激励已筹划及实施进展、终止实施股权激励对上市公司的可能影响等作出说明，并披露律师事务所意见。

第六十五条　上市公司应当在定期报告中披露报告期内股权激励的实施情况，包括：

（一）报告期内激励对象的范围；

（二）报告期内授出、行使和失效的权益总额；

（三）至报告期末累计已授出但尚未行使的权益总额；

（四）报告期内权益价格、权益数量历次调整的情况以及经调整后的最新权益价格与权益数量；

（五）董事、高级管理人员各自的姓名、职务以及在报告期内历次获授、行使权益的情况和失效的权益数量；

（六）因激励对象行使权益所引起的股本变动情况；

（七）股权激励的会计处理方法及股权激励费用对公司业绩的影响；

（八）报告期内激励对象获授权益、行使权益的条件是否成就的说明；

（九）报告期内终止实施股权激励的情况及原因。

第七章 监督管理

第六十六条 上市公司股权激励不符合法律、行政法规和本办法规定，或者上市公司未按照本办法、股权激励计划的规定实施股权激励的，上市公司应当终止实施股权激励，中国证监会及其派出机构责令改正，并书面通报证券交易所和证券登记结算机构。

第六十七条 上市公司未按照本办法及其他相关规定披露股权激励相关信息或者所披露的信息有虚假记载、误导性陈述或者重大遗漏的，中国证监会及其派出机构对公司及相关责任人员采取责令改正、监管谈话、出具警示函等监管措施；情节严重的，依照《证券法》予以处罚；涉嫌犯罪的，依法移交司法机关追究刑事责任。

第六十八条 上市公司因信息披露文件有虚假记载、误导性陈述或者重大遗漏，导致不符合授予权益或行使权益安排的，未行使权益应当统一回购注销，已经行使权益的，所有激励对象应当返还已获授权益。对上述事宜不负有责任的激励对象因返还已获授权益而遭受损失的，可按照股权激励计划相关安排，向上市公司或负有责任的对象进行追偿。

董事会应当按照前款规定和股权激励计划相关安排收回激励对象所得收益。

第六十九条 上市公司实施股权激励过程中，上市公司独立董事及监事未按照本办法及相关规定履行勤勉尽责义务的，中国证监会及其派出机构采取责令改正、监管谈话、出具警示函、认定为不适当人选等措施；情节严重的，依照《证券法》予以处罚；涉嫌犯罪的，依法移交司法机关追究刑事责任。

第七十条 利用股权激励进行内幕交易或者操纵证券市场的，中国证监会及其派出机构依照《证券法》予以处罚；情节严重的，对相关责任人员实施市场禁入等措施；涉嫌犯罪的，依法移交司法机关追究刑事责任。

第七十一条 为上市公司股权激励计划出具专业意见的证券服务机构和人员未履行勤勉尽责义务，所发表的专业意见存在虚假记载、误导性陈述或者重大遗漏的，中国证监会及其派出机构对相关机构及签字人员采取责令改正、监管谈话、出具警示函等措施；情节严重的，依照《证券法》予以处罚；涉嫌犯罪的，依法移交司法机关追究刑事责任。

第八章　附　则

第七十二条　本办法下列用语具有如下含义：

标的股票：指根据股权激励计划，激励对象有权获授或者购买的上市公司股票。

权益：指激励对象根据股权激励计划获得的上市公司股票、股票期权。

授出权益（授予权益、授权）：指上市公司根据股权激励计划的安排，授予激励对象限制性股票、股票期权的行为。

行使权益（行权）：指激励对象根据股权激励计划的规定，解除限制性股票的限售、行使股票期权购买上市公司股份的行为。

分次授出权益（分次授权）：指上市公司根据股权激励计划的安排，向已确定的激励对象分次授予限制性股票、股票期权的行为。

分期行使权益（分期行权）：指根据股权激励计划的安排，激励对象已获授的限制性股票分期解除限售、已获授的股票期权分期行权的行为。

预留权益：指股权激励计划推出时未明确激励对象、股权激励计划实施过程中确定激励对象的权益。

授予日或者授权日：指上市公司向激励对象授予限制性股票、股票期权的日期。授予日、授权日必须为交易日。

限售期：指股权激励计划设定的激励对象行使权益的条件尚未成就，限制性股票不得转让、用于担保或偿还债务的期间，自激励对象获授限制性股票完成登记之日起算。

可行权日：指激励对象可以开始行权的日期。可行权日必须为交易日。

授予价格：上市公司向激励对象授予限制性股票时所确定的、激励对象获得上市公司股份的价格。

行权价格：上市公司向激励对象授予股票期权时所确定的、激励对象购买上市公司股份的价格。

标的股票交易均价：标的股票交易总额 / 标的股票交易总量。

本办法所称的“以上”、“以下”含本数，“超过”、“低于”、“少于”不含本数。

第七十三条 国有控股上市公司实施股权激励，国家有关部门对其有特别规定的，应当同时遵守其规定。

第七十四条 本办法适用于股票在上海、深圳证券交易所上市的公司。

第七十五条 本办法自2016年8月13日起施行。原《上市公司股权激励管理办法（试行）》（证监公司字〔2005〕151号）及相关配套制度同时废止。

图书在版编目（CIP）数据

从创业到上市：公司股权设计和股权分配全案 / 徐培杰著. —北京：中国法制出版社，2020.9

ISBN 978-7-5216-1280-6

Ⅰ.①从… Ⅱ.①徐… Ⅲ.①创业板市场－上市公司－研究－中国 Ⅳ.① F279.246

中国版本图书馆 CIP 数据核字（2020）第 174156 号

责任编辑：李宏伟（lhwstc@163.com） 封面设计：周黎明

从创业到上市：公司股权设计和股权分配全案

CONG CHUANGYE DAO SHANGSHI: GONGSI GUQUAN SHEJI HE GUQUAN FENPEI QUANAN

著者 / 徐培杰

经销 / 新华书店

印刷 / 北京海纳百川印刷有限公司

开本 / 710 毫米 ×1000 毫米 16 开 印张 / 13 字数 / 198 千

版次 / 2020 年 9 月第 1 版 2020 年 9 月第 1 次印刷

中国法制出版社出版

书号 ISBN 978-7-5216-1280-6 定价：42.00 元

北京西单横二条 2 号 邮政编码 100031 传真：010-66031119

网址：http://www.zgfzs.com **编辑部电话：010-66054900**

市场营销部电话：010-66033393 **邮购部电话：010-66033288**

（如有印装质量问题，请与本社印务部联系调换。电话：010-66032926）